ISTOTA PIENIĄDZA

Arnold Buzdygan

arnold@buzdygan.com

Spis treści:

1. OSTRZEŻENIE!..3
2. Wstęp..4
3. Bogowie wybierają... srebro i złoto...10
4. Ludzie porzucają bogów, a wraz z nimi srebro i złoto.......................39
5. Odsetki to ZŁO!..45
6. Istota pieniądza..51
7. Czy możliwe jest istnienie pieniędzy obywatelskich?.......................60
8. Gløbal – przykład realizacji obywatelskiego pieniądza.....................69
9. Nowoczesna Teoria Monetarna...79
10. Na koniec trochę o Chinach..84
11. A może jeszcze... dygresja o złocie? :)..87

1. OSTRZEŻENIE!

Jeżeli jesteś zwolennikiem pieniądza opartego na złocie, proponuję żebyś zaprzestał dalszego czytania tej książki. Dla dobra swojego samopoczucia.

Inne książki autora:

Hipnoza - nauka hipnotyzowania krok po kroku

Admiraletto

Für BERLIN von Stalin

2. Wstęp.

Kto z Was zna ISTOTĘ pieniądza?

Czy w ogóle zastanawialiście się kiedykolwiek nad tym czym w istocie jest pieniądz? Kto go tworzył, kto tworzy i kto mógłby tworzyć? I dlaczego Ty tego nie robisz choć... mógłbyś?

Używamy pieniędzy na co dzień, nieustannie o nich myślimy, pragniemy ich i pożądamy, niektórzy nawet je wielbią. Potrzebujemy pieniędzy do rozliczania się między sobą, do oszczędzania, inwestowania, ustalania wartości rzeczy, usług a nawet innych ludzi (co jest już smutne).

Ale kto z Was zastawiał się nad jego ISTOTĄ?

Kto z Was zastanawiał się dlaczego zawsze jest ich za mało? I czy tak było od zawsze czy też jest tak tylko od jakiegoś czasu?
Kto się zastanawiał dlaczego pieniądze powstają w taki a nie inny sposób? Jakie są tego konsekwencje? I czy można to zmienić żeby ludziom żyło się lepiej i dostatniej?
Albo co by było gdyby pieniędzy nagle zabrakło?
Może właśnie zacznijmy od tego.

Wyobraźcie sobie sytuację, że z powodu masowej awarii przestają działać banki. Brak prądu, wiatr słoneczny, wirus, cokolwiek. Nie można zrobić przelewu, nie można wpłacić ani wypłacić pieniędzy w kasie banku ani bankomacie.

Popatrzcie do swoich kieszeni, szuflad, skrytek, sejfów – ile macie pieniędzy przy sobie? Ile w domach? Na ile zakupów Wam starczy? I co potem?

Jeżeli je wydacie to jak kupicie potem jedzenie, ubrania, jak opłacicie rachunki?

Zastanówcie się chwilę nad tym byście mogli się poczuć tak jak czuli się ludzie aż do połowy dwudziestego wieku!

Wróćmy więc do sytuacji, że nie ma na rynku pieniędzy, albo jest ich bardzo mało. Skutki takiej sytuacji są dramatyczne – po pierwsze tempo handlu maleje. Ludzie zmuszeni są do akceptacji rozliczeń barterowych, czyli Ty mi dasz rybę a ja Tobie haczyki, Ty mi kurczaka, a ja Tobie ziarna zbóż itd. itp.

Skutkiem takiej sytuacji jest spowolnienie gospodarki, która na dodatek robi się bardzo lokalna a nie globalna przez brak możliwości transferów na odległość. Kiepska sytuacja, prawda?

Pojawia się więc pytanie - dlaczego więc ludzie sami nie wyemitują pieniędzy skoro tak bardzo są one potrzebne?

Dlaczego dziś pieniądze emitują wyłącznie banki? Wszystkie. Nie tylko Banki Centralne lecz wszystkie banki. Dlaczego pozwalamy by robiły to wyłącznie banki i łupiły nas przy tym kosztami i odsetkami?

Jeżeli wiesz o tym o czym napiszę parę zdań niżej to bardzo dobrze. Wiem jednak, że nie wszyscy zdają sobie sprawę jak tworzony jest dzisiejszy pieniądz, dlatego muszę do tego nawiązać.

Otóż prawie cały dzisiejszy pieniądz, jest **pieniądzem dłużnym.** Jest to nasz - czyli społeczeństwa, ludzi, rządu, podmiotów prawnych, instytucji itd. - **dług wobec banków.** Wszystkie te pieniądze, którymi się posługujemy musimy **oddać do banku!**
Bo banki nie dały nam pieniędzy - one je nam tylko **pożyczyły.**
Dodatkowo nie za darmo - banki zawsze chcą od ludzi odsetek czyli więcej pieniędzy niż ich stworzyły i wypuściły na rynek. W efekcie gdybyśmy nagle, jako społeczeństwo, powiedzieli "nie chcemy Waszych pieniędzy, oddajemy je" to i tak nie oddaliśmy kwoty, którą jesteśmy bankom winni, zabrakłoby nam pieniędzy. Wynika to z tego, że banki nie chcą od nas czegoś co sami potrafimy wytworzyć, nie chcą naszej pracy. Banki chcą od nas pieniądza, które wyłącznie one same emitują!

Prowadzi to do powolnego ale systematycznego przejmowania majątków ludności przez banki, ponieważ te dodatkowe pieniądze (doliczone koszty i odsetki) po prostu **NIE ISTNIEJĄ** na rynku i ludzie nie mają jak ich oddać! (patrz rozdział: *Odsetki to ZŁO*) .

I jeżeli tego nie zatrzymamy to w przyszłości wszystko będzie należeć do banków!

Do ludzi – nic!

Ludzie będą mieli tylko nigdy niespłacalne długi.

W zasadzie niedalekiej przyszłości bo banki rabują nas także generując inflację, która im samym w niczym nie przeszkadza ponieważ jako pierwsze posiadają pieniądze, które potem trafiają do społeczeństwa. A mają już mniejszą siłę nabywczą, ponieważ spada ona wraz z upływem czasu. Im większa inflacja tym szybciej.

Gdy 1995 roku wprowadzono w Polsce zmianę ze starych pokomunistycznych złotych na obecne nowe złote płaciłem pracownikom – tym z najniższą pensją – jednym banknotem 200 zł i monetą 5 zł. [W 2023 roku, to równowartość około 50 USD]. Dziś banknot musiałby mieć nominał 3 tysięcy złotych a moneta 500 zł.

28 lat temu kwota ta stanowiła ustawową minimalną pensję, która pozwalała przeżyć cały miesiąc. Na niskim poziomie życia, ale jednak.

Dziś (2023r.) najniższa pensja wynosi w Polsce 3600 złotych.

17 razy więcej!

Oznacza to, że złotówka przez 28 lat straciła 94% swojej pierwotnej siły nabywczej!

Zresztą z dolarem i innymi pieniędzmi jest podobnie.

W 1950 r. minimalna pensja w USA za godzinę pracy wynosiła 0,75 USD. Dziś to od 7,25 do 13,25 USD (w zależności do stanu), czyli od 10 do 17 razy więcej.

Dlatego wielu ludzi twierdzi, że „pieniądz papierowy" nie jest prawdziwym pieniądzem.

A jedyny prawdziwy pieniądz to ten, który oparty jest na złocie, jak to było przez tysiące lat ludzkiej historii.

Czy mają rację? Przekonajmy się!

3. Bogowie wybierają... srebro i złoto.

Jak sądzisz – jaki pieniądz był najdłużej i doskonale funkcjonującym w dziejach ludzkości?

Otóż były nim....

...

...

...

...

...

...

...

...

Muszelki Kauri!

Używano ich jako pieniądza na ogromnym obszarze obejmującym wiele różnych kultur, **przez ponad 5 tysięcy lat** – co najmniej od 3,5 lat przed naszą erą aż do końca XIX wieku gdy system ten został celowo zniszczony przez Zachodnich Europejczyków (nawieźli ogrom fałszywych muszli bardzo podobnych do muszelek Kauri).

Muszelkami kauri płaciło się w południowej Azji, Indiach, Chinach, Japonii, praktycznie w całym basenie Oceanu Indyjskiego oraz w Afryce. W niektórych tych miejscach nadal słowa określające pieniądze i muszelki kauri są synonimami a nawet określa się je tym samym słowem (np. w Japonii : okane)

Ale czy tylko?

Popatrzmy na tradycyjny kapelusz górali z Zakopanego.

Cóż my tam widzimy!?

Ależ tak – to są muszelki Kauri!

Ich prestiż promieniował na tysiące kilometrów od miejsc gdzie były używane jako pieniądz. Dziś osoby, które chcą pokazać otoczeniu swoje bogactwo, obwieszają się złotymi łańcuchami, biżuterią, markowymi rzeczami, ostentacyjnie wyciągają pliki banknotów z kieszeni lub nobliwe karty kredytowe. Wówczas obnoszono się naszyjnikami z Kauri, czego echa pozostały do dziś w ludowych strojach.

Ale wróćmy do kauri będących pieniędzmi.

Muszelki te są powszechne w basenie oceanu indyjskiego, dlatego każdy zauważcie, bardzo ważną rzecz - **każdy** mógł popłynąć lub pójść na plażę i sobie te **pieniądze pozbierać w dowolnej ilości.**

Zależało to wyłącznie od jego woli i pracowitości. Tak jak my dziś możemy pójść na bałtyckie plaże i nazbierać sobie bursztynów (pożądane są przez jubilerów i nie tylko).

A to oznacza dwie istotne rzeczy:

- Nie były nikomu potrzebne banki emitujące pieniądze w zbójecki sposób i kontrolujące komu i na jakich warunkach je pożyczyć.

- Był ograniczony poziom nędzy do tych, którym się nawet nie chciało pójść i schylić po muszelki czyli pieniądze. Nikt nie musiał się o nie prosić, błagać, żebrać (no może poza chorymi itd.). Po prostu jak potrzebował pieniądze to mógł pójść i sobie nazbierać potrzebną mu ilość do przeżycia, ewentualnie wziąć od kogoś kto je pozbierał i zawieść w głąb lądu, gdzie miały one wyższą siłę nabywczą. Typowy handel - nabył tanio sprzedał drożej, czyli reszta społeczeństwa, która nie chciała się trudzić zbieraniem muszelek, tylko z tego korzystała. O tym dlaczego kauri stały się pieniądzem jeszcze napiszę.

Podobnie było w innych częściach świata!

W Mezoameryce pieniądzem były np. ziarna kakao. Każdy mógł sobie pójść do dżungli i je nazbierać, jeżeli nie chciało mu się założyć własnej uprawy i mieć jej pod ręką.

Banki kreujące pieniądze w zbójecki sposób nie były nikomu potrzebne.

Notabene – Indianie traktowali srebro i złoto jak każdy inny zwykły metal, dlatego nie tylko nie ukrywali ich przed Hiszpanami, ale chętnie im je oddawali w złudnej nadziei, że się od nich uwolnią.

W Mikronezji – pieniądzem były kamienne koła RAI, które wyrzeźbić mógł sobie każdy. I im miał większą średnicę i był cięższy tym miał większą wartość pieniężną. Oczywiście był tu pewien haczyk, bo po surowiec trzeba było płynąć na konkretne wyspy, których zasoby służyły za specyficzny kamieniołom. Ale znowu – każdy mógł to zrobić! Nikt nie położył łapy na tym zasobie i nie powiedział – wszystko od teraz jest moje, ja teraz decyduję kto ile dostanie kamienia jak to zrobiły banki z dzisiejszymi pieniędzmi.

Co ciekawe – ze względu na rozmiary i ciężar niektórych RAI, nie były one przenoszone pomiędzy właścicielami lecz pozostawały przy domostwach ich pierwotnych twórców. Funkcjonowała społeczna pamięć transakcji i wiedza do kogo należy konkretny RAI i na tej podstawie określano bogactwo danej osoby czy rodziny. Co jeszcze ciekawsze – ewentualne zatopienie RAI podczas transportu między wyspami nie oznaczało jego utraty. Nadal był on brany pod uwagę i podlegał transakcjom! Jeżeli Was to dziwi to pomyślcie o złocie złożonym w jakimś sejfie i ludziach, którzy się nim wymieniają, chociaż ono samo fizycznie nie zmienia swojego miejsca. Ciągle jest w tym samym sejfie, zmieniają się tylko jego właściciele.

Oczywiście na całym świecie używano także innych płacideł jak bydło (używane w niektórych częściach Afryki do dziś), ziaren zbóż, soli, kawałków metali, płócien, skór zwierzęcych. Przykładem jest np. chorwacka kuna (ale niedługo Chorwacja przechodzi na euro), która jest nazwą pochodzącą od skórek kun, którymi się tam kiedyś płaciło.

I znowu – każdy mógł sobie je sam zdobyć. Wykopać, upolować, wyhodować, wytworzyć itd. itp.

W tych wszystkich przykładach można dostrzec istotny wspólny element – sytuacja, w której **ludzie tworzyli pieniądz dla ludzi** była **NORMĄ** przez całe tysiąclecia istnienia ludzkości. Nie potrzebowali żadnego rządu, władzy ani banku, który by kontrolował i emitował pieniądze.

Niestety w naszym, babilońsko-śródziemnomorskim kręgu cywilizacyjnym - który wraz ze swoimi podbojami rozlał swoją kulturę po prawie całym świecie - doszło do tragicznego w skutkach wyboru.

A wszystko przez ludzką wiarę w bogów, których w tamtych zamierzchłych czasach ludzie traktowali bardzo serio. Byli przecież absolutnie przekonani, że to od przychylności bogów zależy ich cały los oraz życie. A jak sobie najlepiej zapewnić czyjąś przychylność?

Oczywiście darami!

Dlatego też masowo chodzili do świątyń i składali dary. Początkowo były to płody roli, zwierzyna, jakieś przedmioty itd. Opiekunowie czy opiekunki tych świętych miejsc wszystkie te dary musieli w jakiś sposób gromadzić. Musieli mieć na nie naczynia i pojemniki, pomieszczenia itd. Z biegiem czasu rozwinęły się także rytuały, celebracje, które wymagały użycia różnorakich rzeczy. Nie tylko trwałych ale i wystawnych, pokazujących odpowiedni prestiż bóstwa. No bo czyż bogowie mogli zadowolić się wykonanymi z tak pospolitych materiałów jak te u pospólstwa? Czyli z kości, drewna, wypalanej gliny itd.?
Oczywiście, że nie!

Tyle, że ówczesna metalurgia stała na bardzo niskim poziomie i przedmioty z mosiądzu i brązu dotknięte były problemem gwałtownego rdzewienia i tzw. pękania sezonowego, wywołanego kontaktem z amoniakiem pochodzącym z psującej się żywności. Żelazo było kruche, nie nauczono się wtedy jeszcze robić stali, poza tym było go niewiele.

Co innego srebro oraz jego naturalny stop ze złotem - elektrum. To było to! Przedmioty z nich wykonane miały nawet aseptyczne właściwości, a co najważniejsze były odporne na rdzewienie.

Dlatego też bogowie powiedzieli kapłanom i kapłankom, że złoto i srebro to najbardziej oczekiwane dary. A Ci przekazali to ludziom i w ten sposób nakręcili ludzką pożądliwość wobec srebra i złota. Złoto wykorzystywano do wytwarzania i zdobienia przedmiotów w świątyniach i było go bardzo mało, nie można było się go pozbywać.

Jeśli nie wierzycie to poczytajcie o hinduskich świątyniach gdzie ten zwyczaj się zachował do dziś i gdzie ciągle ludzie znoszą dary ze złota i srebra.

I tak np. w świątyni Tirumala Venkateswara wierni co roku zostawiają około 350 kg złota i 500 kg srebra!

A w świątyni Trivandrum otwarcie tylko jednej z dwóch krypt-skarbców, w których gromadzone są złote dary składane przez stulecia, ujawniło złote skarby o wartości szacowanej na ponad... 20 mld dolarów! I to w samej cenie kruszcu bez uwzględniania ich wartości historycznej czy artystycznej.

Przy tym to tylko jeden ze skarbców tej świątyni – jeszcze starszy skarbiec nie został otwarty bo kapłani odmówili jego otwarcia zasłaniając się zabezpieczającym go przekleństwem. Rzekomo otwarcie tego skarbca miałoby sprowadzić na ludzkość straszne plagi, gorsze niż te sprowadzone otwarciem puszki Pandory. No cóż – wiara jest potężną siłą.

Tragedią ludzkości stało się to, że oba te metale występują rzadko i nie są powszechnie rozproszone lecz znajdują się głównie w złożach. Przez to ich pozyskiwanie było i jest trudne, scentralizowane oraz dostępne dla nielicznych czyli głównie władców, którzy po prostu przemocą zajmowali nieliczne, odkryte złoża.

W efekcie podaż tych metali przez całe stulecia była zbyt mała w stosunku do potrzeb ludzi.

Wracając jednak do tamtych zamierzchłych czasów – a jesteśmy kilka wieków przed naszą erą – w świątyniach zaczęły gromadzić się nadwyżki srebra, którego nie dawało się już wykorzystać na własne potrzeby.

I wtedy – w VII wieku przed naszą erą – w jakiejś świątyni w Lidii lub raczej na wyspie Egina – ktoś wpada na genialny pomysł:
• odlejmy podobne do siebie bryłki ze srebra lub złota.
• odciśnijmy na nich symbol bóstwa by lud wiedział komu je oddać jako dar.
• przekażmy te bryłki ludziom w zamian za potrzebne świątyni

usługi i towary, by ludzie nie musieli szukać kruszców na dary dla bogów.

- potem ludzie te bryłki i tak przyniosą do świątyni jako dary dla bogów, a my je...
- znowu im damy, wymieniając na potrzebne nam rzeczy.

Szybko jednak okazało się, że takie bryłki są przez ludzi pożądane, dlatego zaczęto się nimi wymieniać także między sobą w zamian za inne towary czy usługi. W ten sposób stworzony został w sposób naturalny obrót pieniężny a grudki te stały się pieniędzmi. Wtedy też właśnie pojawiło się zjawisko dotkliwego braku pieniądza. Grudki, które miały krążyć jedynie między świątynią a wyznawcami bóstwa, zaczęły krążyć także między ludźmi.

W efekcie zaczęło go dramatycznie brakować! Tym bardziej, że Fenicjanie rozprowadzili ten pieniądz po całym antycznym świecie, stając się w powszechnej świadomości ich twórcami (choć w rzeczywistości wcale ich nie wymyślili).

Nie pomogło, że pomysł podchwycili także inni – za cechowanie brylek zabrali się także władcy, właściciele kopalń srebra/złota a nawet złotnicy. Nie pomogło bo brakowało surowca czyli srebra, a ludzi posługujących się tym pieniądzem ciągle przybywało.

Jeżeli nie wierzysz, że tak było w istocie to poczytaj sobie o Jerozolimskiej Świątyni – Żydzi mogli w niej płacić tylko szeklami, które były monetami bitymi przez samą świątynię. Nie mogli płacić innymi pieniędzmi – to przecież byłaby obraza Boga! Dlatego w jej obrębie było wiele kantorów wymieniających różne monety i produkty na szekle (nawet w Biblii w Nowym Testamencie znajdziemy opis tego dotyczący).

A teraz kolejne pytanie.

Jak sądzicie – z jakiego kruszcu była bita absolutna większość (99% albo i więcej) monet w historii ludzkości?

A kto pamięta co dostał Judasz za zdradzenie Jezusa?

Tak. Srebrniki!

Czyli po prostu... pieniądze bo i szekle Jerozolimskiej Świątyni i rzymskie denary to były srebrne monety, nie złote!

Takoż i amerykańskie dolary (tak!), habsburskie talary, reale, peso, dirhamy, denary, rupie, guldeny etc. wszystkie te monety były srebrne nie złote.

Spróbujcie to sobie wyobrazić i zrozumieć – bo jest to ważne – to srebro rozpalało ludzką gorączkę chciwości i pożądliwości. To na widok srebra ludzie ślinili się jak dziś na widok walizki z banknotami. Złoto załapało się tylko przy okazji! Ale było go za mało, dużo za mało, by przez całe stulecia mieć jakiekolwiek znaczenie, poza tym nie było to czyste złoto, tylko zawsze jego stop ze srebrem. Srebra było też mało, ale jednak o rzędy wielkości więcej niż złota, dlatego też to srebro stało się podstawą pieniądza przez prawie 3 tysiące lat.

Tak więc przez cały antyk i średniowiecze ludziom doskwierał brak pieniędzy co jak wiemy blokuje handel, rozwój gospodarki i co najgorsze - wywołuje wojny ponieważ najprostszym sposobem na zdobycie pieniędzy było ich... zrabowanie innym.

Dopiero ponad 2 tysiące lat później, na początku XVI wieku w Czechach (1519 r.) w obecnym Jachymovie (wówczas Sankt Joachimstaler, czyli Dolina św. Joachima) Graf Schlick znajduje bogate złoża srebra. I ukradkiem zaczyna bić monetę, nazwaną pierwotnie „Joachim**staler** Gulden. Dlaczego gulden? Bo guldenem nazywała się srebrna moneta bita wówczas przez Habsburgów. Ród ten władał wówczas dużą częścią Europy w tym Czechami i Hiszpanią.

Nazwa monety – Joachim**taler** Gulden – była dla ludzi zbyt długa, więc w sposób naturalny została skrócona do niemieckiego „taler", czeskiego „tolar", polskiego „talar", holenderskiego daler i hiszpańskiego oraz angielskiego „dolar".

Moneta ważyła trochę ponad 29 gram, a jej roczna produkcja rosła z każdym rokiem od 61,5 tysiąca w 1519 r. do 208,5 tysiąca monet w 1527 r. (czyli 6 ton).

Prawie w tym samym czasie Hiszpanie, którymi jak wiemy rządził wówczas ród Habsburgów, podbijają Meksyk i Peru i w ciągu trzech lat wysyłają do Hiszpanii 56 ton srebra i 6 ton złota, z czego do Europy dociera tylko 6 ton srebra i 0,5 tony złota (reszta tonie). Przy okazji zwróćcie uwagę na proporcję tych kruszców. Jednak nawet ta ilość ilość srebra i złota jest ogromna, jak na ilość znajdująca się w obrocie w Europie!

Dodatkowo w połowie XVI wieku, w Potosi (obecnie Boliwia) odkryto kolejne bogate złoża srebra. Do Hiszpanii zaczyna docierać niewyobrażalna wówczas ilość srebra: 300 ton rocznie!

Wyobraźcie sobie, że nagle jakiś kraj otrzymuje ponad trzykrotność wszystkich używanych w Europie pieniędzy. Trzykrotną! I tak co roku. Potraficie ogarnąć umysłem jaka to ilość pieniędzy? Jak bajecznie bogaty stałby się taki kraj w jednej chwili? Tak się stało wtedy właśnie z Hiszpanią.

Z tej masy 300 ton srebra rocznie bita jest moneta o nazwie „real". Ogromna wówczas ilość pieniędzy!

> Na marginesie - dziś sam polski KGHM produkuje 1500 ton srebra i 3 tony złota rocznie. Na całym świecie produkuje się rocznie ponad 26 000 ton srebra i 3000 ton złota.

Pierwszy raz w dziejach ludzkości (naszego kręgu kulturowego) pieniądza jest pod dostatkiem, pierwszy raz pojawia się inflacja a dzięki jego dostępności gwałtownie rośnie handel i gospodarka, powstają banki, zaczyna się Złoty Wiek dla Rzeczpospolitej będącej spichlerzem Europy, a także nowa era w Europie: **Renesans.**

Co więcej – dzięki odpowiedniej ilości pieniądza pojawia się KAPITALIZM wypierając feudalizm oparty na wymianie barterowej. Następują ogromne przemiany społeczne i gospodarcze, które nie zaszłyby gdyby nie przybyło tyle pieniądza.

Taka ciekawostka na marginesie.

W obu Amerykach – także tej angielskiej i francuskiej części – pieniądze są powszechnie nazywane hiszpańskim określeniem „dolar". Tak jak dziś mówiąc pieniądz, szmal, kasa mamy przed oczami banknoty i monety dowolnej (nieokreślonej) waluty, tak wówczas słowo „dolar" oznaczało dowolne srebrne monety bez względu czy to były talary, czy reale, czy peso, czy guldeny itd.

Popatrzcie także skąd się wziął ogólny symbol pieniądza. Wcale nie od amerykańskiego dolara, z którym wielu go dziś utożsamia.

To uproszczone ujęcie szarfy oplatającej kolumnę z motywu widniejącego na **hiszpańskim realu**, monecie zwaną „srebrną ósemką" (ta nazwa pojawia się nawet jeszcze w niektórych westernach). Dlatego też ten symbol w wielu krajach jest oznaczeniem pieniądza (także lokalnego) a nie amerykańskiego dolara.

Mój znajomy o mało co nie dostał zawału serca gdy pierwszy raz dostał rachunek w restauracji w Kolumbii:

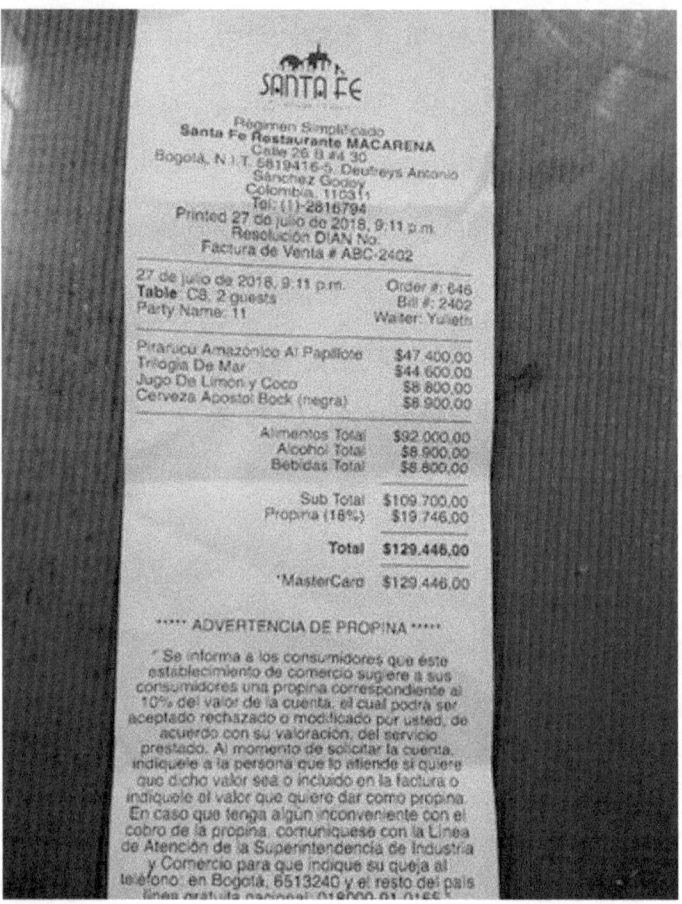

Ok. Wróćmy do tematu. Mamy więc koniec XVI wieku, a społeczeństwo wreszcie dość monet (pieniędzy) by nimi swobodnie obracać.

Ale gwałtowny rozwój gospodarczy, idący za nim wzrost populacji, nawiązanie handlu z Chinami (które zaczęły pochłaniać „europejskie" srebrne monety bo same ich nie miały), gromadzenie srebra w postaci biżuterii oraz przedmiotów codziennego użytku (tzw. srebra rodowe) powoduje, że znowu zaczyna brakować srebra i pieniędzy. Habsburski kruszec, który początkowo trochę ratował pieniądzem nie tylko Europę, ale cały świat, przestał wystarczać.

Co gorsze przykład bajecznego wzbogacenia się Hiszpanii na dostępie do srebra spowodował rozwinięcie się teorii merkantylizmu, która zakładała, że bogactwo rodziny, rodu i narodu, a także władcy i państwa, zależy od ilości zgromadzonych przez niech kruszców. To przekonanie, że ten jest bogaty, kto zakopie i przytrzyma u siebie na podwórku więcej pieniędzy, niestety pokutuje u wielu do dziś. W efekcie pojawiły się bariery w handlu i regulacje służące zatrzymywaniu pieniędzy w kraju i ich „podbieraniu" od innych. Nie dość, że podaż srebra i złota i tak już nie nadążała za rozwojem handlu i gospodarki - czyli popytem - to w efekcie świadomego i celowego przytrzymywania u siebie pieniędzy ludziom jeszcze bardziej zaczęło brakować srebrnych i złotych monet do przeprowadzenia transakcji, handlu i rozliczeń. Notabene problemem tym zajął się i go opisał między innymi Kopernik.
Skutek takiej sytuacji był oczywisty – grabieże i wojny, w tym także rewolucja amerykańska, która skończyła się powstaniem USA. Brak pieniędzy w amerykańskich koloniach był szczególnie

dotkliwy, co wymuszało szukanie różnych zamienników (jako pieniędzy używano nawet kart do gry!) gdyż pieniądze bito w... Europie. W tym wszystkim to było zabawniejsze, że surowiec do ich produkcji przywożono przecież z obu Ameryk i potem wybite monety wywożono do Ameryk. A po drodze były sztormy, skały i piraci.

Wyobraźcie to sobie dzisiaj:

Idziecie do bankomatu a ten wypłaca Wam 3 banknoty zamiast 10. Idziecie do banku a tam Wam mówią: „damy Wam 1000 złotych w banknotach a drugi tysiąc w postaci tabletu bo nie mamy monet ani banknotów".

Albo idziecie do szefa po wypłatę a ten Wam mówi „Klient nie miał kasy, zapłacił workami ziemniaków, weźcie te ziemniaki i zamieńcie sobie na targu na chleb, cukier, tablet czy co tam potrzebujecie".

Zauważcie – nie mówię o sytuacji, że jest bieda. Nie. Kraj jest bogaty – „macie" mnóstwo oszczędności w bankach – a przynajmniej tak się Wam wydaje – towarów, usług i pracy jest w bród tylko... brakuje fizycznego reprezentanta pieniędzy. Nośnika. Brak monet, brak banknotów, a elektroniczne rozliczenia leżą bo serwery uszkodziły wybuchy na Słońcu, wirus czy cokolwiek.

Jak bardzo komplikuje to życie? Jak bardzo hamuje rozwój gospodarczy?

Bo co robią rozsądni ludzie w takiej sytuacji? Nie chcą się pozbywać pieniędzy, które posiadają! Wolą oddać coś innego (barter) a fizyczne pieniądze zachować dla siebie, żeby je wydać w ostateczności. Ilość pieniądza w obrocie przez to jeszcze bardziej maleje, za to rośnie niewygodny handel wymienny (barter).

Sytuację można jeszcze ratować bijąc coś co by zastępowało srebrne monety np. miedziaki lub tworząc inne formy pieniądza jak odpowiednio spreparowane kije drewniane, bambusowe czy też skórki zwierząt.

Wróćmy jednak do pieniędzy. Ponieważ zwykle brakowało srebra i złota do ich bicia to bito monety także z miedzi. Były one zamiennikiem dla srebrnych monet, które były traktowane jako podstawa systemu, dlatego dogmat nakazywał, aby waga miedzi w monecie odpowiadała wartości talarowi. Czyli znanej nam już, konkretnej srebrnej monety. [W Chinach było inaczej, patrz na koniec książki.]

Od XVI wieku sytuację łagodziło także powstanie bankierów a potem i banków i wystawiane przez nie dokumenty dla kupców przemierzających targowiska całej Europy. Były to najpierw kwity depozytowe a potem weksle (notes) nazwane później bankowymi wekslami (banknotes) czyli ... banknotami.

Pierwszy problem w systemie pojawił się w połowie siedemnastego wieku (1650r.) gdy w Szwecji odkryto bogate złoża miedzi. Miedź systematycznie taniała a robione z niej monety musiały być coraz większe by spełniać parytet wartości do talara, aż stały się sztabami i zaczęły ważyć nawet 20 kg!

Wtedy Szwedzi przypomnieli sobie, że kilka wieków wcześniej (sic!) Marco Polo pokazywał papierowe pieniądze, które przywiózł z Chin i postanowili wykorzystać ten chiński pomysł.

Powołano więc bank centralny (Bank Szwecji w 1666r.), który wyemitował pierwsze w Europie papierowe pieniądze a właściwie kwity depozytowe, ponieważ kto okazał w banku taki banknot mógł odebrać jego wartość w srebrnych monetach lub miedzi.

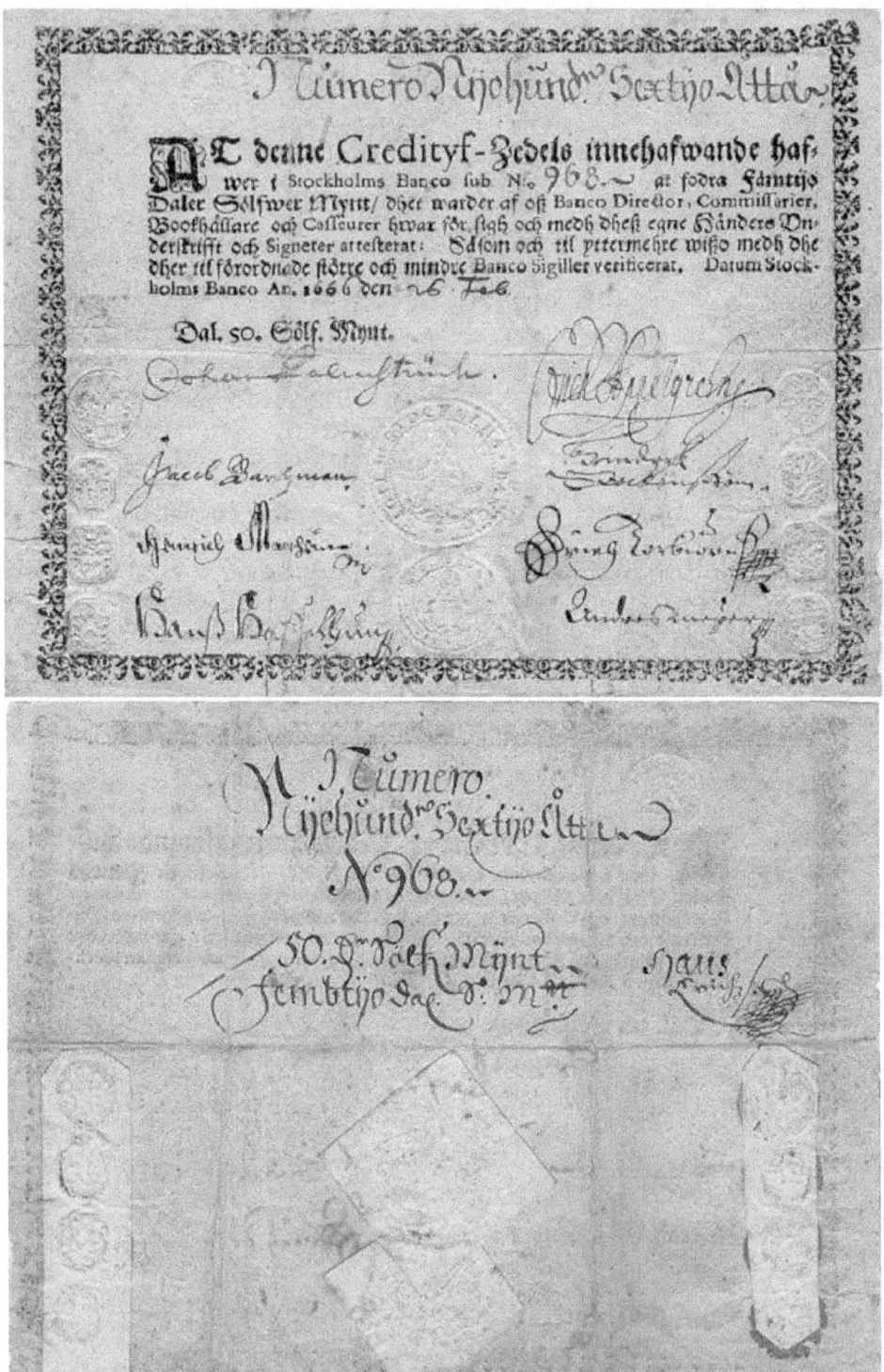

Zastąpiły one miedziane monety (a raczej już sztaby).

Oczywiście w założeniu banknoty te miały mieć 100% pokrycia w srebrze.

Jednak władcy i bankierzy szybko uświadomili sobie, że prawie nikt nie zweryfikuje zapasów w skarbcach. Pozwalało to emitować banknoty nie mające pełnego pokrycia w rzekomo przechowywanym metalu.

Poniżej banknot na 9 dalerów.

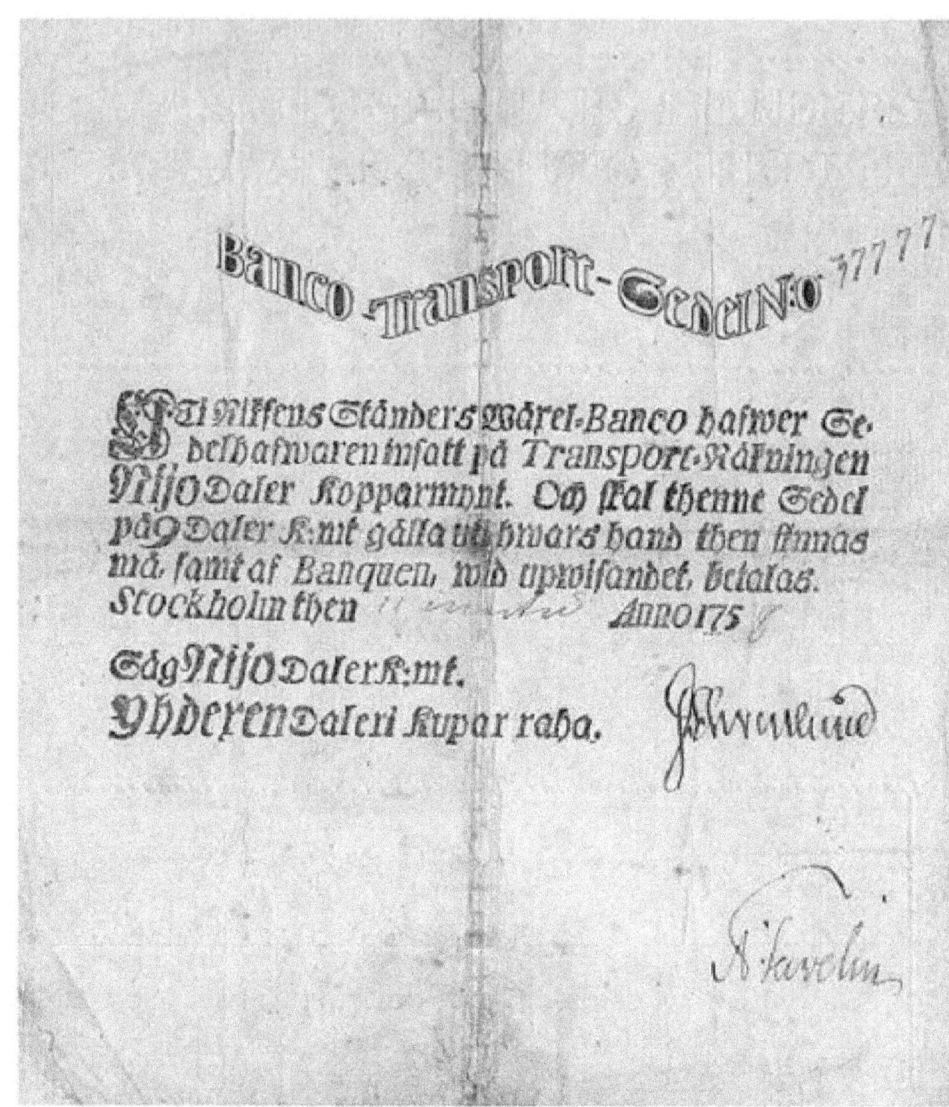

28 lat później (1694r.) powstał Bank Anglii, który zaczął emitować funty szterlingi. Do 1729 r. były one pisane ręcznie. Od tego roku zaczęto je już drukować, ale na każdym z nich musiał się podpisać ręcznie prezes Banku Anglii (do 1820 r.).

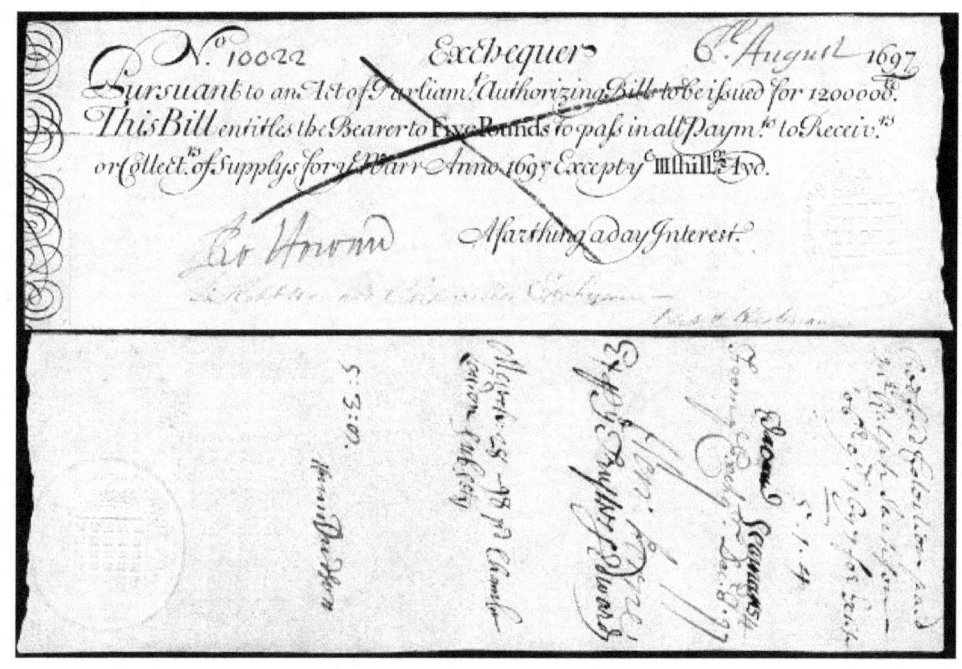

Popatrzmy na ten banknot i napis na nim w trzeciej linii. Brzmi on: „Obiecuję zapłacić okazicielowi na jego żądanie sumę 5 funtów".

Pewnie sobie myślicie: „Co!? Przecież mam już w ręku 5 funtów!"

Ano widzicie - ta dziwacznie dziś brzmiąca obietnica to właśnie pozostałość tego, że banknot był tylko substytutem wagi (funt to jednostka wagi) najwyższej jakości srebra (zwanego przez jubilerów: szterling). Stąd się wzięła nazwa brytyjskich pieniędzy: funt szterling.

Ta formuła zresztą istnieje na angielskich banknotach do dziś:

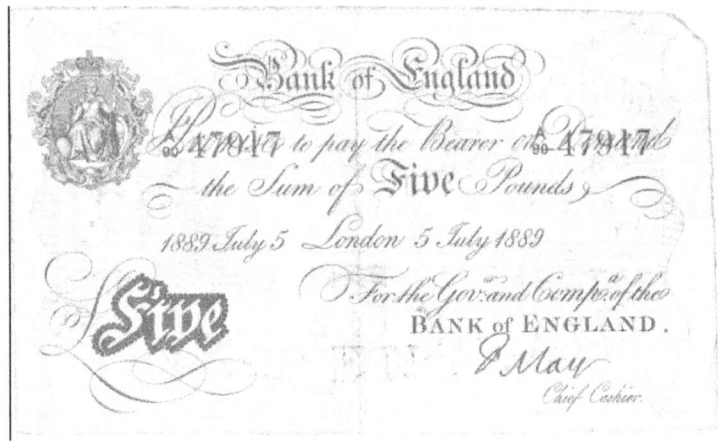

4. Ludzie porzucają bogów, a wraz z nimi srebro i złoto.

Deflacja wartości miedzi spowodowana szwedzkimi złożami była zapowiedzią tego co się wydarzy później ze srebrem, oraz bez żadnej wątpliwości tego co wydarzy się w jakiejś najbliższej przyszłości ze złotem. Lodowce na ogromnej Grenlandii topnieją, odkrywając dziewicze gospodarczo ziemie, zawierające nieprzebrane złoża. W tym bez wątpienia złota.

Wracając do głównego tematu. Odkrywanie kolejnych złóż w Ameryce, rewolucja przemysłowa i idąca za nią mechanizacja górnictwa a także rozwój chemii i metalurgii, spowodowała dalsze zwiększenie podaży srebra a w efekcie systematyczną utratę jego siły nabywczej, ale prawdziwa katastrofa przyszła w latach 60 XIX wieku. W 1858 roku powstała transatlantycka linia telegraficzna a rok później odkryto przebogate złoża srebrnej rudy w Utah – nazwane potem Comstock Lode. Ogromne ilości srebra i możliwość natychmiastowej wymiany informacji o stanach kont pomiędzy bankami zniszczyły cały system finansowy oparty na srebrnej monecie.

Boska moc srebra przeminęła z wiatrem, a gromadzone przez stulecia srebra rodowe, które można było łatwo przekuć na monety, straciły całkowicie swoją wartość i blask. Dziś już nikogo srebro nie ekscytuje i trudno nam nawet zrozumieć, że ludzie pożądali go kiedyś tak samo jak my jeszcze dziś pożądamy złota.

Dość powiedzieć, że do momentu odkrycia Ameryki – a trochę wcześniej złóż w Masywie Czeskim - wydobyto raptem 7% całości wydobytego do dziś przez ludzkość srebra, a do 1859 r. jedynie 30%.

Niestety pomimo upadku systemu opartego na srebrze oraz ogłoszenia przez Nitschego śmierci bogów, nie wyciągnięto wówczas właściwych wniosków co do istoty pieniądza.

Porzucono jedynie srebro i skierowano uwagę na złoto, które stało się nową bazą, nowym parytetem dla pieniędzy. Przy okazji obciążając ludzkość kosztami w postaci kilku zupełnie niepotrzebnych krachów gospodarczych i wojen, łącznie z Wielkim Kryzysem oraz obu Wojnami Światowymi. Jestem pewien, że gdyby już wówczas zrezygnowano z parytetu kruszcowego to nie doszłoby do tych tragedii.

Ale niestety.

W 1900 roku przyjęto parytet, że za 20,67 dolara otrzyma się uncję złota.

Jednak rozwój rozliczeń w bankach opartych na zapisach w księgach, a nie jedynie fizycznej wymianie pieniądza - wywoływał emisję pieniędzy całkowicie nieskorelowaną z podażą złota. Powodowało to ciągle narastającą fikcyjność „parytetu" i niezdolność do wywiązywania się z niego przez banki, gdy nagle rynek mówił „Sprawdzam!". Dlatego w 1933 r. rząd USA dosłownie obrabował swoich obywateli ze złota dekretem wykonawczym prezydenta Roosvelta:

„Wymaga się, aby wszystkie osoby dostarczyły do 1 maja 1933 lub wcześniej wszystkie złote monety, złoty bulion i certyfikaty złota znajdujące się w ich posiadaniu do Banku Rezerwy Federalnej, jej biura lub agencji albo do dowolnego banku Systemu Rezerwy Federalnej."

Za nie podporządkowanie się dekretowi groziło **aż 10 lat więzienia** (sic!) i ogromna wówczas grzywna **10 tys. dolarów.**

I choć za dostarczone złoto wypłacano dolary (20,67 za uncję złota) to już kilka miesięcy później, w styczniu w 1934 r. oznajmiono nowy parytet: 35 dolarów za uncję. Łatwo policzyć, że gdyby nie zmuszono ludzi do pozbycia się złota to po kilku miesiącach dostaliby za nie 70% więcej dolarów!
Dlatego właśnie mówię o grabieży, gdyż było to działanie przeprowadzone z pełną premedytacją.

POSTMASTER: PLEASE POST IN A CONSPICUOUS PLACE.—JAMES A. FARLEY, Postmaster General

UNDER EXECUTIVE ORDER OF THE PRESIDENT

issued April 5, 1933

all persons are required to deliver

ON OR BEFORE MAY 1, 1933

all **GOLD COIN, GOLD BULLION, AND GOLD CERTIFICATES** now owned by them to a Federal Reserve Bank, branch or agency, or to any member bank of the Federal Reserve System.

Executive Order

FORBIDDING THE HOARDING OF GOLD COIN, GOLD BULLION AND GOLD CERTIFICATES.

By virtue of the authority vested in me by Section 5(b) of the Act of October 6, 1917, as amended by Section 2 of the Act of March 9, 1933, entitled "An Act to provide relief in the existing national emergency in banking, and for other purposes", in which amendatory Act Congress declared that a serious emergency exists, I, Franklin D. Roosevelt, President of the United States of America, do declare that said national emergency still continues to exist and pursuant to said section do hereby prohibit the hoarding of gold coin, gold bullion, and gold certificates within the continental United States by individuals, partnerships, associations and corporations and hereby prescribe the following regulations for carrying out the purposes of this order:

Section 1. For the purposes of this regulation, the term "hoarding" means the withdrawal and withholding of gold coin, gold bullion or gold certificates from the recognized and customary channels of trade. The term "person" means any individual, partnership, association or corporation.

Section 2. All persons are hereby required to deliver on or before May 1, 1933, to a Federal reserve bank or a branch or agency thereof or to any member bank of the Federal Reserve System all gold coin, gold bullion and gold certificates now owned by them or coming into their ownership on or before April 28, 1933, except the following:

(a) Such amount of gold as may be required for legitimate and customary use in industry, profession or art within a reasonable time, including gold prior to refining and stocks of gold in reasonable amounts for the usual trade requirements of owners mining and refining such gold.

(b) Gold coin and gold certificates in an amount not exceeding in the aggregate $100.00 belonging to any one person; and gold coin having a recognized special value to collectors of rare and unusual coins.

(c) Gold coin and bullion earmarked or held in trust for a recognized foreign government or foreign central bank or the Bank for International Settlements.

(d) Gold coin and bullion licensed for other proper transactions (not involving hoarding) including gold coin and bullion imported for reexport or held pending action on applications for export licenses.

Section 3. Until otherwise ordered any person becoming the owner of any gold coin, gold bullion, or gold certificates after April 28, 1933, shall, within three days after receipt thereof, deliver the same in the manner prescribed in Section 2; unless such gold coin, gold bullion or gold certificates are held for any of the purposes specified in paragraphs (a), (b) or (c) of Section 2; or unless such gold coin or gold bullion is held for purposes specified in paragraph (d) of Section 2 and the person holding it is, with respect to such gold coin or bullion, a licensee or applicant for license pending action thereon.

Section 4. Upon receipt of gold coin, gold bullion or gold certificates delivered to it in accordance with Sections 2 or 3, the Federal reserve bank or member bank will pay therefor an equivalent amount of any other form of coin or currency coined or issued under the laws of the United States.

Section 5. Member banks shall deliver all gold coin, gold bullion and gold certificates owned or received by them (other than as exempted under the provisions of Section 2) to the Federal reserve banks of their respective districts and receive credit or payment therefor.

Section 6. The Secretary of the Treasury, out of the sum made available to the President by Section 501 of the Act of March 9, 1933, will in all proper cases pay the reasonable costs of transportation of gold coin, gold bullion or gold certificates delivered to a member bank or Federal reserve bank in accordance with Sections 2, 3, or 5 hereof, including the cost of insurance, protection, and such other incidental costs as may be necessary, upon production of satisfactory evidence of such costs. Voucher forms for this purpose may be procured from Federal reserve banks.

Section 7. In cases where the delivery of gold coin, gold bullion or gold certificates by the owners thereof within the time set forth above will involve extraordinary hardship or difficulty, the Secretary of the Treasury may, in his discretion, extend the time within which such delivery must be made. Applications for such extensions must be made in writing under oath; addressed to the Secretary of the Treasury and filed with a Federal reserve bank. Each application must state the date to which the extension is desired, the amount and location of the gold coin, gold bullion and gold certificates in respect of which such application is made and the facts showing extension to be necessary to avoid extraordinary hardship or difficulty.

Section 8. The Secretary of the Treasury is hereby authorized and empowered to issue such further regulations as he may deem necessary to carry out the purposes of this order and to issue licenses thereunder, through such officers or agencies as he may designate, including licenses permitting the Federal reserve banks and member banks of the Federal Reserve System, in return for an equivalent amount of other coin, currency or credit, to deliver, earmark or hold in trust gold coin and bullion to or for persons showing the need for the same for any of the purposes specified in paragraphs (a), (c) and (d) of Section 2 of these regulations.

Section 9. Whoever willfully violates any provision of this Executive Order or of these regulations or of any rule, regulation or license issued thereunder may be fined not more than $10,000, or, if a natural person, may be imprisoned for not more than ten years, or both; and any officer, director, or agent of any corporation who knowingly participates in any such violation may be punished by a like fine, imprisonment, or both.

This order and these regulations may be modified or revoked at any time.

FRANKLIN D ROOSEVELT

THE WHITE HOUSE,
April 5, 1933.

For Further Information Consult Your Local Bank

GOLD CERTIFICATES may be identified by the words "GOLD CERTIFICATE" appearing thereon. The serial number and the Treasury seal on the face of a GOLD CERTIFICATE are printed in YELLOW. Be careful not to confuse GOLD CERTIFICATES with other issues which are redeemable in gold but which are not GOLD CERTIFICATES. Federal Reserve Notes and United States Notes are "redeemable in gold" but are not "GOLD CERTIFICATES" and are not required to be surrendered

Special attention is directed to the exceptions allowed under Section 2 of the Executive Order

CRIMINAL PENALTIES FOR VIOLATION OF EXECUTIVE ORDER
$10,000 fine or 10 years imprisonment, or both, as provided in Section 9 of the order

Secretary of the Treasury.

U.S. Government Printing Office: 1933

Jednakże ciągle rosnąca dysproporcja pomiędzy ilością pieniędzy zapisanych w księgach banków a faktyczną ilością złota wymusiła kolejne zmiany i w 1972 roku uncja złota osiągnęła cenę 42 dolarów.

Jednak już pod koniec lat 60 zaczęto uświadamiać sobie, że to jest droga donikąd, że nie da się powiązać pieniądza ze złotem (ani innym fizycznym dobrem), ponieważ nie ma się kontroli ani nad podażą złota ani nad podażą kreowanego przez banki pieniądza.

W końcu ludzkość poszła po rozum do głowy i zrzuciła jarzmo dawnego wyboru bogów, rezygnując z wyznaczania siły nabywczej pieniądza przez wartość kruszców tudzież innego dobra.

I choć od lat 70 XX wieku zaczęliśmy posługiwać się w pełni kreowanym przez samego człowieka pieniądzem to jednak popełniliśmy kolejny **tragiczny błąd.**
Pozwoliliśmy bankom na to by zapisy należności **wyłącznie w ich księgach** stały się nowym pieniądzem ludzkości, który obowiązuje do dziś.

Te raptem kilkadziesiąt lat parytetu złota – na dodatek całkowicie fikcyjnego, bo tego pokrycia w złocie realnie nigdy nie było - tak się wbiło ludziom w głowy, że do dziś pozostało ich duże grono, także utytułowanych ekonomistów, którzy żyją mrzonką o „złotym pieniądzu". Mrzonką, bo nawet gdybyśmy pominęli

„pieniądz księgowy", to w erze dóbr cyfrowych, pieniądz wyłącznie fizyczny byłby absurdem. Natychmiast powstały by jego cyfrowe zamienniki, deprecjonujące jakiekolwiek znaczenie „parytetu".

Także znalezienie ogromnych złóż złota gdzieś na dnie mórz lub na topniejącej z lodu Grenlandii, to też tylko kwestia czasu. A wtedy ze złotem stanie się to co ze srebrem.

5. Odsetki to ZŁO!

Odpocznijmy na chwilę od prób dojścia co jest istotą pieniądza i zastanówmy się nad czymś co absolutna większość uważa za normalne i naturalne choć jest zbrodniczą patologią – odsetkami.

Odsetki to zło. Nawet najmniejsze. I to bynajmniej nie tylko w transcendentalnym znaczeniu, lecz także rzeczywistym, wcielonym złem. Odsetki są powodem tego, że ludzie ZAWSZE będą tkwić w pętli kredytowej i nie będą w stanie spłacić swoich długów. Nigdy. Przez co ostatecznie stracą wszystko co posiadają na rzecz banków. Odsetki są także jedną z przyczyn, dla których nominał pieniądza zawsze będzie tracił na wartości.

Żeby to sobie uświadomić posłuchajcie trzech przypowieści:

I. Okres Raju na ziemi (jakieś kilkanaście tysięcy lat temu).

Nie ma wojen, ucisku itd. a ludzie nie znają jeszcze pieniędzy. Wymiana produktów następuje przez barter bo podział pracy wg umiejętności jest już od niepamiętnych czasów. I tak:

Rybak łowi 2 ryby - Wytwórca robi 2 haczyki

Dochodzi do wymiany – Wytwórca daje swoje 2 haczyki, a Rybak oddaje jedną rybę (drugą sam zjada ze swoją rodziną). Wszyscy są najedzeni, zadowoleni i szczęśliwi.

Rybak wraca łowić ryby, a wytwórca robić haczyki. Idylla.

II. Początek końca Raju.

Barter jest kłopotliwy, więc ludzie **wymyślają pieniądze.**

Rybak łowi 2 ryby

Wytwórca robi 2 haczyki i 1 ozdobę, ale...

żeby się wymienić potrzebują pieniędzy. Skąd je wziąć!?

Trzeba je dostać od bogów (czyli uzbierać muszelki, ziarna itd.)

Rybak dostaje od bogów 1000 jednostek pieniądza i kupuje za to od Wytwórcy 2 haczyki.

Wytwórca jest głodny, więc za 1000 jednostek pieniądza kupuje od Rybaka rybę.

Rybak zatrzymuje sobie lub zwraca bogom jako dar 1000 jednostek pieniądza i wszyscy są najedzeni, zadowoleni i szczęśliwi.

Rybak wraca łowić ryby, Wytwórca robić haczyki. Jeszcze idylla.

III. Bogów zastępuje Emitent (bank).

W przeciwieństwie do bogów nie liczących czasu, Emitentowi dłuży się czas oczekiwania na zwrot pieniędzy. Postanawia więc w jakiś sposób zmobilizować dłużników do szybkiego oddawania, więc wymyśla... **ODSETKI**.

W tym momencie Bóg się wkurza (czas należy do niego!) i wypędza ludzi z Raju.
Od tej chwili ludzie będą w pocie czoła pracować by spłacić coś co jest niespłacalne. Bez względu na to ile czasu będą harować to nigdy się nie spłacą, albowiem chociaż:

Rybak nadal łowi 2 ryby

Wytwórca nadal robi 2 haczyki, to...

żeby się wymienić potrzebują pieniędzy pożyczonych od Emitenta.

Rybak **pożycza** 1000 jednostek pieniądza jednak już z zastrzeżeniem, że za każdy zaczęty okres posiadania pożyczonych pieniędzy musi oddać 100 jednostek więcej.

Rybak nie ma wyboru – godzi się na warunki, bierze pieniądze i kupuje za to od Wytwórcy 2 haczyki.

Wytwórca jest głodny, więc chce kupić od Rybaka rybę, ale...

Rybak żąda od Wytwórcy już 1100 jednostek pieniądza za swoją rybę bo przecież tyle musi oddać Emitentowi (dziś: bankowi).

Wytwórca jednak ma tylko 1000 jednostek, które dostał wcześniej od Rybaka za swoje haczyki. I więcej pieniędzy nie istnieje, nie ma po prostu na rynku!

Nie ma więc wyboru i musi także pożyczyć pieniądze od Emitenta, który daje mu 100 jednostek, ale żąda zwrotu ich większej ilości, czyli 110 jednostek.

W ten sposób na ziemi zaczyna się piekło wyzysku.

Ani Wytwórca ani Rybak nie są już NIGDY w stanie oddać Emitentowi wszystkich pieniędzy bo... ich po prostu nie ma na rynku!

Emitent wypuścił na rynek 1100 jednostek pieniądza a do zwrotu chce 1110 jednostek. O całe 10 jednostek więcej niż razem posiadają wszyscy tworzący dobra na rynku. Upss.. Spirala długu zaczyna się nakręcać.

Rybak wraca łowić ryby, Wytwórca robić haczyki, ale skończyła się idylla i zaczęły zgryzoty.

Od tego momentu Rybakom i Wytwórcom pozostało już tylko coraz bardziej się zadłużać. Bardziej i bardziej i jeszcze bardziej – ku uciesze emitenta czyli banku – aż do kompletnej nędzy i stania się niewolnikami.

A Władcy Pieniądza (banki) stają się prawdziwymi Władcami Świata, Władcami ludzi, ich pragnień, myśli itd.

Do tego ilość pieniądza na rynku zmniejsza się bo pieniądze niszczeją, gubią się, czy wreszcie część ludzi je po prostu przechowuje w skarpecie itd.

Piekło narasta.

W efekcie mamy rok Anno Domini 2023 (muzułmański Anno Hegirae 1401) i cały świat dosłownie tonie w długach – ludzie, firmy, państwa, rządy, władze.
Tylko banki mają się doskonale.

Ten patologiczny system można naprawić. Ale żeby to zrobić, trzeba w końcu dojść do tego czym jest istota pieniądza.

6. Istota pieniądza.

Jeżeli dotarłeś do tego miejsca, zastanów się chwilę nad przykładami rzeczy, które w różnych społeczeństwach pełniły rolę pieniądza. Spróbuj zrozumieć co je łączy.

Gdy to zrobisz uświadomisz sobie, że istotą pieniądza nie są muszelki, miedź, srebro ani nawet złoto, których wartość mierzyło się wielkością, wagą i ilością. Nie jest nią też przyrzeczenie zrealizowania transakcji ani też spłaty zobowiązania, ani nawet **zaufanie** do emitenta pieniądza jak wielu uważa.

Co więc jest?

Otóż istotą pieniądza jest jego **pożądanie**!
Powszechne pragnienie posiadania przez ludzi to podstawa by coś stało się pieniądzem, czyli środkiem wyznaczania wartości innych rzeczy, akumulacji, cyrkulacji i wymiany.

Idealny pieniądz jest:
a) powszechnie pożądany (by go posiadać);
b) łatwo i jednoznacznie identyfikowalny (ochrona przed błędem, fałszerstwem);

c) trwały, najlepiej niezniszczalny;

d) łatwy w przechowywaniu i akumulowaniu;

e) płynny, czyli łatwy w wymianie, cyrkulacji i obrocie nim;

f) posiada ustaloną i stabilną siłę swojej jednostki pieniężnej (nominału), pozwalającą wyznaczać wartość innych dóbr względem siebie.

g) istnieje jakaś forma kontroli jego emisji.

h) zgodnie uznawany przez ludzi za pieniądz.

Ad a)

Może zauważyliście, że na tej liście nie ma „zaufania". Nie jest to przypadek. Zaufanie nie jest rzeczą potrzebną do istnienia pieniądza. Jeżeli nie wierzycie to zastanówcie się czy ufacie dolarom, euro, złotówkom? Czy w ogóle ktoś dziś ufa pieniądzom? Jeśli nawet to zapewne w bardzo ograniczonym zakresie. A mimo to, ciągle są one **powszechnie pożądane** i używane bez zaufania do nich.

Tak więc to **powszechne pożądanie jest podstawową cechą**, która konstytuuje pieniądz. Oczywiście nie jest wystarczającą, ale bez tej bazy nie ma prawdziwego pieniądza.

Tutaj istotna uwaga – pieniądz można ukonstytuować także prawnie. Władza może narzucić poddanym taki a nie inny pieniądz, który może w ogóle nie być pożądanym. Ale o takim pieniądzu nie mówimy, bo takie narzucenie pieniądza może się skończyć jego obowiązywaniem jedynie na polach gdzie ta władza może wymusić posługiwanie się takimi pieniędzmi (czy ktokolwiek chce wenezuelskie pieniądze?).

Ad b)

Ten punkt jest chyba oczywisty. Ludzie muszą mieć możliwość łatwiej i jednoznacznej identyfikacji danego pieniądza i jego znaków pieniężnych w sposób nie budzący w nich wątpliwości czym się posługują. Im jest to dla nich trudniejsze tym łatwiej o wykorzystanie ich błędu lub fałszerstwa pieniędzy co się przekłada na niechęć wobec nich. A to przecież osłabia podstawową cechę - pożądanie danego pieniądza.

Między 1868 a 1870 r. francuscy, angielscy, holenderscy i portugalscy handlarze podrzucili kilka mld muszli podobnych do Kauri, ale innego ślimaka. W ten sposób pod koniec XIX wieku udało się im zniszczyć system pieniężny oparty na muszelkach Kauri. I to tylko dlatego, że ludziom było je trudno odróżnić od siebie.

Ad c)

Ziarna zbóż, ziarna kakao, sól – niewątpliwie łatwo się było nimi posługiwać jako pieniądzem. Niestety wszystkie miały istotną wadę – były bardzo nietrwałe. Dlatego też generalnie były wypierane przez inne trwalsze rzeczy jak skórki zwierząt, tkaniny czy wreszcie metale.

W tej chwili żeby zwiększyć trwałość banknotów, wiele krajów zaczyna drukować banknoty na plastykowym podłożu a nie celulozowym.

A jaki pieniądz jest prawie niezniszczalny? Oczywiście cyfrowy! Dlatego dziś gro pieniądza jest „wirtualna", to zapisy w komputerowych bazach danych. Fizyczne znaki pieniężne - banknoty i monety to niewielka część pieniędzy znajdujących się w obrocie!

Ad d)

Zapewne zgodzicie się, że ziarna, sól, sztaby czy wyroby z miedzi nie są łatwe ani przechowywaniu ani akumulowaniu.

Banknoty są zdecydowanie łatwiejsze w użyciu, szczególnie te o dużych nominałach np. ten opiewający na 500 000 batów tajlandzkich (około 16 tys. USD). Ciekaw jak się z tego resztę wydaje. ;)

Istnieją też banknoty o ogromnych nominałach, którymi posługują się banki i rządy w rozliczeniach między sobą:

Powyżej banknot na 100 tys. USD a poniżej aż na 100 mln funtów!

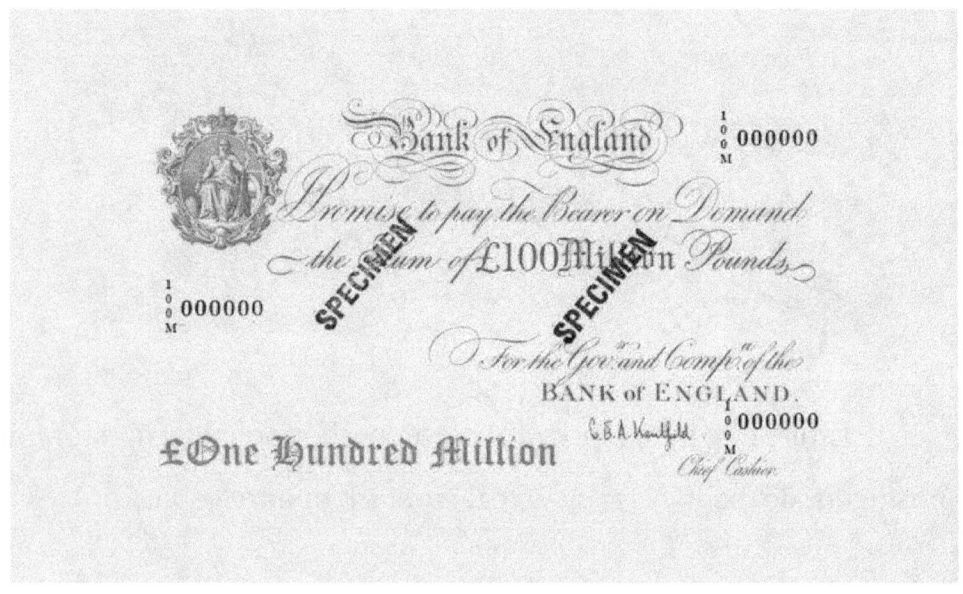

Jest też mniejszy nominał takiego banknotu opiewający na jedynie jeden milion funtów szterlingów ;)

Ad e)

Pieniądz powinien być jako duch – dążyć dokąd chce bez żadnych barier i ograniczeń. Każdy powinien móc się nim swobodnie posługiwać, posiadać go i nim wymieniać. Powinien także być wymienny na inne pieniądze bez żadnych ograniczeń. Niestety tutaj swoje brudne paluchy włożyły władze, które wymyśliły sobie pojęcia "prania pieniędzy" oraz "finansowania terroryzmu" i wprowadziły totalną inwigilację oraz ograniczenia w swobodzie przepływu pieniędzy. Oczywiście samym władzom niby "brudne" pieniądze wcale nie śmierdzą - zawsze chętnie je skonfiskują.

Ad f)

Wartość pieniądza to ilość dóbr możliwych do nabycia za jednostkę tego pieniądza. Stabilność jego siły to brak odczuwalnej utraty lub wzrostu jego wartości w okresie jego posiadania przez człowieka pomiędzy wymianami z innymi ludźmi. Niewielkie wahania wartości nie deprecjonują tej cechy w przeciwieństwie do inflacji, deflacji i znacznych, odczuwalnych zmian wartości np. kursów walutowych.

Ad g)

Jedną z podstawowych wad wielu systemów emisji pieniądza, także obecnego opartego na emisji dokonywanych przez banki jest brak kontroli nad ich emisją. Kiedyś o tym ile ich trafiało do obiegu decydował los, natura (urodzaj ziarn, futer, złoża metali) lub ludzka chęć do podjęcia wysiłku i ryzyka ich pozyskania (kauri). Dziś zależy to od woli ludzi do podjęcia kosztu i ryzyka kredytu oraz decyzji kredytowych banków (komu i ile dadzą kredytu a a komu odmówią). Tą emisją próbują sterować banki centralne ustalając tzw. rezerwy cząstkowe, koszt oraz wymogi przy udzielaniu kredytów a czasem i rządy. I choć wszyscy oni niby chcą dobrze, to... wychodzi jak zwykle. A i wpływ takich działań bywa różny, nieprzewidywalny. W efekcie pieniędzy prawie zawsze jest zdecydowanie za mało, albo za dużo np. po odkryciu Ameryk czy też „beztroskiej" emisji pieniędzy przez masowe udzielanie kredytów (jak podczas pandemii COVID-19).

Dlatego idealny pieniądz powinien umożliwiać odpowiednią kontrolę jego emisji tak by zawsze było go akuratnie. Ani w nadmiarze ani tez w niedomiarze.

Ad h)

Jeżeli dziś zechcesz zapłacić złotymi lub srebrnymi sztabkami lub jakimiś monetami (nie będącymi formalnymi znakami pieniężnymi) to... zostaniesz mniej lub bardziej delikatnie wyśmiany. Mimo tego, że mają one swoją wartość w kruszcu i nawet jeżeli wyglądają jak pieniądze, to nikt ich nie uzna za PIENIĄDZE. Może i się dogadasz, że ktoś (sprzedawca) je od Ciebie odkupi i wtedy uiścisz już zapłatę, ale nikt nie traktuje już monet kruszcowych jako coś co jest pieniądzem.

Tak samo z wekslem – nawet jeżeli wygląda jak banknot i pomimo tego, że ma ochronę prawną taką samą jak pieniądze oraz pomimo tego, że można się wekslami rozliczać jak pieniędzmi, to nikt nie traktuje weksli jako pieniędzy lecz jedynie jako ich substytut. Chyba, żeby były to weksle, które byłyby powszechnie pożądane.

7. Czy możliwe jest istnienie pieniędzy obywatelskich?

Stworzonych nie przez banki, ale przez (zwykłych) ludzi, firmy, organizacje, rząd?

Odpowiedź brzmi – TAK!

Dominacja banków nad ludźmi wynika ze stworzonych przez nich systemów rozliczeniowych IBAN, BIC, SWIFT, ACH itd., do których nikogo nie dopuszczają i ściśle je reglamentują także dzięki ochronie prawnej narzucanej przez rządy.

Aby ten bankowy monopol przełamać, społeczeństwo musiałoby stworzyć własny system rozliczeniowy, w którym każdy człowiek posiadałby kontrolowane wyłącznie przez siebie samego numery kont lub też zmusić banki do takiej zmiany. Ten obywatelski system kont oczywiście musiałby być otwarty* dla każdego człowieka i organizacji, globalny i transgraniczny tak jak dziś jest to w przypadku systemu bankowego.

* Banki, szczególnie centralne, dopuszczają do swojego systemu rozliczeniowego oraz kont (dziś to zapisy w komputerowych bazach danych) tylko inne banki i nieliczne wyjątkowe podmioty (jak np. producentów złota).

Dlatego tak histerycznie banki reagują na kryptowaluty, dlatego tak powszechnie i zgodnie odmawiają transakcji i obrotu nimi. Kryptowaluty pokazały bowiem, że oddolna, społeczna inicjatywa pozwala zbudować sprawnie działający system rozliczeniowy bez banków.

Żeby było jasne - kryptowaluty to system cholernie niebezpieczny, nie ma tam możliwości odtworzenia i cofnięcia transakcji (w bankach informacje są zapisywane na nośnikach trudnych do nieautoryzowanej podmiany (laserowo wypalane dyski optyczne, papier). Ale życie pokazało, że najwyraźniej ludzie akceptują różne poziomy i charaktery ryzyka.

Oczywiście wystarczyłyby odpowiednie regulacje prawne, by pozbawić banki wyzysku ludzi, jednak są one mało realne bo władze chyba wszystkich krajów skorumpowane są przez banksterów. Do tego wszyscy, dosłownie wszyscy, włącznie z rządami, zastraszeni są przez amerykańskich siepaczy z trzyliterowych agencji uzasadniających swoje istnienie bajkami o walce z "brudnymi pieniędzmi", "praniem pieniędzy", "finansowaniem terroryzmu" itp.

Dlatego jedynym sposobem są oddolne, obywatelskie inicjatywy, ponieważ są tacy, którzy się tego podjęli. Meta chciała stworzyć **Librę**, a ja pracuję nad **Gløbal**, do którego każdy może się przyłączyć. Jestem też pewien, że Tescent czy Alibaba wykorzystując swoje aplikacje - odpowiednio Wechat i Alipay, w których ludzie masowo wykorzystują zawarte w nich mechanizmy płatności - bez trudu mogliby to zrobić w każdej chwili, dosłownie kilkoma uderzeniami palców w klawisze na klawiaturze. A to dlatego, że już istnieje w ich aplikacjach cały system rozliczeń między ludźmi i wystarczyłoby zmienić nazwę jednostek pieniężnych jakie są w nich używane.

Zresztą koleje losów prac nad Librą i jej porzucenie pokazują dobitnie jak bardzo system bankowy poczuł się zagrożony działaniami Meta.

Proszę zwrócić uwagę, że chociaż to banki emitują pieniądze to jednak robią to by to my, zwykli ludzie, **pozwalamy bankom tworzyć za nas pieniądze** zamiast robić to samemu! To my przychodzimy do banków i składamy im wolę przyjęcia na siebie długu i obietnice jego spłaty wraz z jego kosztami i odsetkami. Bez tej naszej deklaracji, przyjęcia na siebie pełnego zobowiązania i ryzyka banki nie mogłyby emitować pieniędzy. To znaczy - mogłyby, ale były one całkowicie puste i nic nie warte.

Tak więc za każdym razem gdy zaciągamy w bankach jakiś dług, zamiast wyemitować własne pieniądze czy choćby weksle, pozwalamy bankom tworzyć nowe pieniądze i pozwalamy banksterom decydować komu je dadzą a komu nie oraz po jakich kosztach i odsetkach.

Oczywiście część pieniędzy (między innymi fizyczne znaki pieniężne w postaci banknotów i monet) tworzą emitenci pieniędzy. Zwykle są to banki centralne, które niestety są mniej lub bardziej kontrolowane przez polityków i działają chroniąc interesy systemu bankowego, a nie naszych, obywateli. Przy tym największy i najważniejszy na świecie emitent pieniędzy – amerykański FED - jest zrzeszeniem prywatnych banków, kontrolowanym przez kilka rodzin i przedstawiciela rządu USA. Oczywiście nie znajdziesz tych ludzi na rankingach najbogatszych na świecie, choć bogatszych od nich nie ma przecież nikogo. Mogą sobie wydrukować pieniędzy tyle ile chcą, nie muszą ich zdobywać od innych ludzi.

Jednak nie tylko np. **monety euro mogą bić państwa należące do UE**, czyli w praktyce ich rządy. Oczywiście tylko dlatego, że obrót takim pieniądzem jest marginalny.

Jednakże zwykli ludzie także mogliby emitować banknoty i monety, lub inne znaki pieniężne, przyjmując specyficzną dla swojego pieniądza formę zabezpieczenia. Ostatecznie emitując weksle własne, których fałszowanie jest karane równie surowo jak fałszowanie pieniędzy.

Popatrzmy na zamieszone niżej banknoty opiewające na funty szterlingi.

Gdzie jest brytyjska królowa!?

Dlaczego emitentem nie jest bank Anglii tylko jakiś bank szkocki czy irlandzki!?

Co jest grane!?

To są weksle własne wystawiony przez szkockie tudzież irlandzkie banki. Oficjalnie nie jest to banknot, ale i tak zapłaci się nim w całej W. Brytanii.

Oczywiście weksle własne – którymi zgodnie z prawem można płacić jak gotówką - to tylko teoretycznie najprostsza metoda emisji własnego substytutu pieniądza. Nie są one jednak prawdziwymi pieniędzmi, gdyż obrót nimi opiera się na zaufaniu co

do realizacji zawartego na nich zobowiązania podmiotu wystawiającego weksel a nie na podstawie pieniądza, którą jest:
- **powszechne pożądanie.**

Dlaczego muszelki Kauri, ziarna zbóż, kakao, sól, skórki i metale były pieniędzmi? Ponieważ były powszechnie pożądane. Muszelki kauri stały się pożądane gdy kobiety zaczęły wykorzystywać zrobione z nich naszyjniki do zakrywania różnych części swoich ciał by stać się bardziej atrakcyjnymi w oczach mężczyzn. W ten sposób muszelki stały się pożądane. A dzięki swoim fizycznym cechom- trwałości i tego, że wszystkie są do siebie bardzo podobne - mogły stać się pieniądzem.

Oczywiście były one pożądane także z powodów użytkowych (konsumpcyjnych), nie zmienia to jednak faktu, że to tworzyło podstawę do stania się pieniędzmi. Przy tym ich podaż była limitowana przez naturę lub ludzką wolę do pracy, więc istniał ciągły niedosyt podtrzymujący to pożądanie.

A srebro i złoto dlaczego stało się pożądane? Dlatego, że bogowie zażyczyli sobie tych metali jako darów. I tak popyt ze strony sacrum (świątyń itd.) na kruszce, wywołał ich powszechne pożądanie i stworzył z nich pieniądze.

Dziś identycznie jest z dolarami, euro, złotówkami itp. - popyt ze strony fiskusa (czyli konieczność zapłacenie podatków w danym pieniądzu na rzecz władz) tworzy podstawę powszechnego ich pożądania.

Tak samo byłoby z Librą gdyby powstała – jeżeli będzie można nią płacić za usługi w ramach środowiska META to stanie się obiektem powszechnego pożądania, a w efekcie prawdziwym pieniądzem.

Dlatego jeżeli ktoś chce stworzyć pieniądz to **podstawową sprawą jest wymyślenie powodu by stały się one powszechnie pożądane.**
Kolejną rzeczą jest stworzenie system rozliczeniowy.
Każdy kto te rzeczy zrobi rozbije bank, duży bank. I w przenośni i dosłownie.

Możemy sobie na przykład wyobrazić, że udałoby się komuś przekonać dużą część atrakcyjnych kobiet i mężczyzn na świecie, żeby umawiali się na randki tylko z tymi, którzy przyniosą na spotkanie w prezencie odpowiednią grudkę bursztynu. Albo jakiegoś innego minerału albo 100 muszelek Kauri, albo 1000 jednostek Twojej (krypto)waluty.

Oczywiście wtedy takie grudki bursztynu, konkretnego minerału, muszelki Kauri lub jednostki Twojej (krypto)waluty stałyby się powszechnie pożądane. I mogłyby się stać pieniądzem, gdyby spełniły pozostałe warunki.

Przypomnę, że pieniądze muszą być :

a) powszechnie pożądanymi (by go posiadać);

b) łatwo i jednoznacznie identyfikowalnymi (ochrona przed błędem, fałszerstwem);

c) trwałymi a najlepiej niezniszczalnymi;

d) łatwymi w przechowywaniu i akumulowaniu;

e) płynnymi, czyli łatwymi w wymianie, cyrkulacji i obrocie nimi;

f) powinny posiadać ustaloną i stabilną wartość swojej jednostki pieniężnej (nominału), pozwalającą wyznaczać wartość innych dóbr względem siebie.

g) posiadać kontrolę ich emisji.

h) być zgodnie uznawanymi przez ludzi za pieniądz.

Znając już istotę pieniądza cóż pozostaje?

Nic tylko wymyślić swój pieniądz i danie go ludziom.

Oni bardzo go potrzebują!

8. Gl⌀bal – przykład realizacji obywatelskiego pieniądza.

Po pierwsze - gl⌀bal (wymawiane: global) nie jest kolejną kryptowalutą. Posiada on formę materialną i niematerialną:

1) Forma materialna to banknoty i monety.
2) Forma niematerialna to elektroniczne pliki, dokumenty będące wekslami.

Po drugie – podstawą jego istnienia jest pożądanie jego posiadania wynikające z konieczności płaceniami nim w konkretnym systemie usług internetowych.

Co najważniejsze - każdy może się przyłączyć do stworzenia tego pieniądza i każdy może samodzielnie emitować banknoty i monety w dowolnej ilości.

Każdy może też kreować elektroniczne jednostki gl⌀bal, oraz korzystać z całego ekosystemu gl⌀bal.
Gl⌀bal w wersji elektronicznej jest egzemplarzem elektronicznego dokumentu - weksla, opiewającego na np. 1 gl⌀bal albo 10 gl⌀bal albo 100 gl⌀bal albo 1000 gl⌀bal itd.

System jest elastyczny i otwarty co umożliwia wystawienia weksla elektronicznego w każdej walucie także np. w euro, dolarach, złotych itd. Nazywane są one wtedy odpowiednio eurogløbal, usdgløbal, zlotygløbal itd. Umocowanie prawne takich weksli jest możliwe dzięki rozporządzeniu eIDAS (UE) oraz polskiemu prawu wekslowemu.

Ogromną zaletą tych pieniędzy jest możliwość dokonywania w pełni formalnych i legalnych płatności albowiem płatność wekslem jest uznanym prawnie sposobem dokonywania płatności obok gotówki i przelewu bankowego. Dlatego gløbal można używać w dowolnych rozliczeniach i księgować jak normalną zapłatę.

Kolejna zaleta gløbal to możliwość przekazywania go bezpośrednio lub zdalnie p2p.
Gløbal można przekazać bezpośrednio z ręki do ręki, przekazując drugiej osobie banknoty, monety, zadrukowaną kartkę z treścią elektronicznego weksla, adres portfela online z hasłem lub nawet nośnik z takimże plikiem lub zapisanym na nim portfelem.
Można jednak także korzystać z dedykowanych urządzeń lub aplikacji (np. na komputer czy smartfon) umożliwiających kreację gløbal, płatności zdalne, transakcje zdalne p2p, lub wymieniać się nim na giełdach itd. Twój wybór.

A jak wychodzi porównanie istotnych cech gl∅bal z innymi walutami?

a) **Faktyczna własność środków,** czyli gdzie w rzeczywistości są Twoje środki?

Trzymając w ręku gotówkę, wiesz, że pieniądze należą do Ciebie i nikogo innego.

Trzymając pieniądze w banku nie masz nad nimi faktycznej własności. W rzeczywistości o Twoich pieniądzach decyduje bank i może je sobie nawet przywłaszczyć np. gdy splajtuje. W tej sytuacji mści się przyjęcie absolutnie niekorzystnej dla społeczeństwa zasady, że pieniądze na kontach należą do banku, a nie, że są jedynie przez Bank rozliczane, nawet gdy konto nazywa się „rozliczeniowym". Powinno zaś być tak, że domyślnie konta bankowe są rozliczeniowe, czyli, że bank nie może wykorzystywać zgromadzonych na nich środków ani nimi dysponować inaczej niż wg wskazań właścicieli kont. Dopiero obok rachunków rozliczeniowych powinny być rachunki oszczędnościowe, na które ludzie przenosiliby środki gdyby chcieli by bank wykorzystał je do zarabiania i podzielenia się tym zarobkiem (albo dla uzyskania odsetek). Niestety obecnie jest tak, że własność pieniędzy leżących na kontach bankowych jest bardzo ograniczona. Można je wszystkie stracić w jednej chwili, gdy bank ogłosi bankructwo, albo gdy skonfiskuje je rząd bo bardzo ich potrzebuje albo zarzuci Ci jakieś przestępstwa (mimo, że żadnego nie popełniłeś).

Także w przypadku kryptowalut nie masz faktycznej własności swoich kryptowalut – ma ją informatyczna baza danych. Co gorsza – ta baza jest publicznie dostępna! Nawet jeśli masz „portfel" offline, czy też wydrukowany na kartce papieru, to niestety nic Ci to nie daje bo Twoje środki są w rzeczywistości gdzie indziej – w publicznej bazie, stale dostępne online, narażone na przejęcie lub utratę.
W przypadku gløbal Twoje środki są wyłącznie w Twoich rękach. Jak gotówka. Oczywiście, jeżeli zechcesz, mogą być dostępne także online. Twój wybór.

b) Poufność stanu posiadania, czyli czy chcesz żeby inni wiedzieli ile masz pieniędzy?

W przypadku gløbal tylko Ty, i wyłącznie Ty, wiesz ile ich masz, dokładnie tak jak w przypadku gotówki. No chyba, że przelejesz środki na konto giełdy itd.
A banki?

A banki już nie zapewniają ŻADNEJ poufności. Stan konta znają nie tylko pracownicy banku, ale także całe rzesze urzędników, rzekomo kontrolujących to czy nie pierzesz brudnych pieniędzy albo czy nie finansujesz terroryzmu. Oczywiście Władze doskonale wiedzą, że tego nie robisz, ale przecież chcą wiedzieć o Tobie i Twojej firmie wszystko. Kto wie do czego to się może przydać w przyszłości? Lepiej wiedzieć niż nie wiedzieć, prawda? ;(

A kryptowaluty?

A kryptowaluty też nie zapewniają żadnej poufności, a wręcz przeciwnie! Transakcje i bazy blockchainowe są publiczne i każdy może zobaczyć ile masz środków oraz – co jeszcze gorsze - prześledzić całą historię Twoich transakcji. Może dla niektórych nic to nie znaczy, w niczym nie przeszkadza, ale w przypadku firm jest to rzecz absolutnie niedopuszczalna, ponieważ zdradza ich wszystkie tajemnice handlowe.

c) Pełna kontrola środków

Tylko Ty decydujesz czy trzymasz gløbal w formie wydruku na kartce papieru, czy na jednym albo kilku nośnikach pamięci, czy też online gdzieś na serwerze albo w chmurze. Tylko Ty decydujesz co z nimi dalej robisz, a przy odpowiednim zabezpieczeniu się nikt Ci ich nie zabierze, nie ukradnie ani nie skonfiskuje. Nawet przy bezpośrednim, fizycznym ataku.

d) Anonimowość transakcji.

Do wyboru masz transakcje z ręki do ręki, transakcje p2p lub przez pośrednika, giełdy etc. Twój wybór. Nie ma żadnej bazy zawierającej historię transakcji która mogłaby posłużyć komukolwiek do inwigilacji Twojej osoby czy firmy.

e) Podstawa wartości.

Podstawą wartości gløbal jest przyjęcie jako bazy jego emisji kwotę wynagrodzenia za jaką zgadza się pracować co najmniej 50% doświadczonych programistów (tzw. seniorów), zwanych dalej po prostu programistami. W uproszczeniu 1 000 gløbal to zapłata za 1 godzinę pracy takiego programisty.

Oznacza to skuteczną tezauryzacją, stabilność kursową oraz odporność na inflację i deflację.

Oczywiście wartość gløbal w stosunku do innych walut bez wątpienia będzie ulegać zmianie w czasie gdyż tradycyjne pieniądze systematycznie tracą siłę nabywczą. Jednakże zmiany te będą stopniowe, liczone w miesiącach lub latach, co umożliwia bezpieczny obrót gospodarczy.

Należy mieć jednak na uwadze, że wartość gløbal na różnych rynkach i w stosunku do różnych walut – w tym także do euro – wyznaczana będzie przez rynek, w związku z czym może być płynna i ulegać wahaniom.

f) Forma materialna - banknoty i monety.

Każdy człowiek czy też podmiot prawny może bez ograniczeń emitować banknoty i monety gl⌀bal w dowolnej ilości. Muszą one jednak spełniać wymogi określone przez społeczność, które powodują, że koszt ich produkcji jest wyższy niż ich wartość nominalna. W ten sposób uzyskujemy naturalną kontrolę emisji pieniądza w postaci banknotów i monet – koszt banknotu czy też monety jest większy niż jego siła nabywcza.

f) Forma niematerialna – elektroniczne weksle.

Każdy człowiek czy też podmiot prawny może także kreować elektroniczne weksle nominowane w gl⌀bal, zwane w skrócie gl⌀bal. Jednakże ich przyjęcie do systemu będzie już zależało od spełnienia przez emitenta warunków ustalonych przez społeczność oraz wartości zapotrzebowania na gl⌀bal.

Kreujący gl⌀bal muszą przy tym zdawać sobie sprawę, że choć emisja weksli jest nieoprocentowana to jego wartość w stosunku do ich lokalnej waluty może ulec zmianie.

Kreujący zobowiązany jest do wykupywania części swoich weksli np. w przypadku zmniejszenia się zapotrzebowania na gløbal.

Uwaga!

Kreujący nie mają zapewnionej pełnej poufności w zakresie dokonanej przez nich emisji. Ich tożsamość znają depozytariusze. Tylko osoby nabywające gløbal, otrzymujące go w dowolny inny sposób (np. jako wynagrodzenie, wygraną, darowiznę) oraz obracające nim mogą mieć zapewnioną pełną poufność.

g) Dlaczego ktokolwiek miałby korzystać z gløbal?

- Żeby opłacić usługi w systemie global (np. najtańszy hosting plików, serwisów itd.).
- Żeby dokonać bezpiecznych, stabilnych co do kursów transakcji, opłacić usługi, towary lub wymienić pieniądze.
- Żeby zachować wartość swojego majątku, ochronić go przed inflacją, dewaluacją lub przed jego zaborem.
- Żeby mieć pieniądze z własnym wizerunkiem lub szatą graficzną.
- Żeby cieszyć oko banknotami i monetami będącymi dziełami sztuki.

f). Wymogi dotyczące emisji banknotów i monet.

a) Banknot musi posiadać:

- Wytrzymały papier bawełniany posiadający zwiększoną odporność na zginanie, rozrywanie, nadrywanie, strzępienie brzegów, mechacenie powierzchni, posiadający znak wodny dobrej jakości oraz widoczne inkluzje z sukcynitu (bursztynu bałtyckiego) lub przeplatający się przez niego pasek z nierdzewnego metalu.

- Elementy zadrukowane farbą świecącą w ultrafiolecie lub zmieniająca kolor w zależności od kąta patrzenia lub pod wpływem temperatury .

- Zadruk wykonany stalorytem.

- Elementy zadrukowane drukiem wypukłym, wyczuwalnym pod palcami dla niewidomych.

- Obowiązkowe treści:

Znak graficzny gløbal.

Adres strony internetowej: www.gløbal.net

Oznaczenie nominału: 0 gløbal lub global lub e0 gløbal lub 1 gløbal

Imię i nazwisko albo pseudonim albo nazwa podmiotu emitującego banknot.

Data emisji

Własnoręcznie złożony podpis na każdym banknocie.

Unikalna numeracja dla każdego banknotu (zarejestrowana w systemie gløbal)

b)Moneta

Sukcynit (bursztyn bałtycki), którego krawędzie ujęte są w dowolny metal. Może być prasowany, szlifowany itd. ale nie może być przetopiony. Minimalna powierzchnia sukcynitu to 3,14 cm2 a waga to 1 gram.

Znak graficzny gløbal.

Oznaczenie nominału: 0 Gløbal lub e0 Gløbal lub 1 Gløbal

Data emisji.

9. Nowoczesna Teoria Monetarna.

Ostatnio dużo zamieszania w świecie nauk ekonomicznych i społecznych zrobiła tzw. Nowoczesna Teoria Monetarna. Jest ona opisem funkcjonowania świata finansów w państwie z suwerenną walutą, czyli emitowaną przez bank centralny danego kraju i niezwiązaną sztywnym kursem z inną walutą. Dolar, Złoty, Funt Szterling itd. jest taką walutą. Euro nie jest.

Według tej teorii pieniądz jest konstruktem prawnym a emitentem pieniądza jest rząd i to on wyznacza jej wartość oraz jego ilość kierując się wyłącznie poziomem inflacji.

Teoria ta choć jest blisko istoty pieniądza, to jednak nadal błędnie go określa.

Jeżeli przebrnęliście przez moją książkę to wiecie, że postulat iż to rząd powinien kreować pieniądz jest jak najbardziej zgodny z tym co pisałem o pieniądzu. Rząd nie tylko może, ale wręcz powinien tworzyć i emitować własny pieniądz!

Od lat gardłuję, że rząd nie powinien pożyczać pieniędzy ani od banków ani od ludzi - przez obligacje, bony skarbowe itd. - lecz po prostu je samodzielnie kreować lub w ostateczności dostawać pieniądze z banku centralnego w wysokości dopuszczonej przez ustawodawcę (parlament) lub przez suwerena (np. w referendum).

W ostateczności powinien je otrzymać na własne żądanie w przypadku konieczności jak najszybszego usunięcia skutków jakiejś katastrofy czy kataklizmu (jak np. obecna pandemia).
Powinno to jednak być możliwe pod pewnymi warunkami:

Po pierwsze - ustawodawca (tudzież suweren) musiałby znać przewidywane skutki inflacyjne dla konkretnych kwot emisji nowych pieniędzy i to z podziałem na konkretne działy gospodarki.

I w tym miejscu Nowoczesna Teoria Monetarna popełnia kolejny błąd ponieważ mówi o inflacji ogólnej, chociaż w takim systemie powinno się brać pod uwagę zmiany cen w poszczególnych działach gospodarki. Albowiem poza poza ogólną ilością pieniądza na rynku, niezwykle istotne są indywidualne ludzkie decyzje i działanie, czyli to co poszczególni ludzie zrobią z pieniędzmi, które otrzymają od rządu. Mogą przecież je zakopać w ziemi, zamknąć w sejfie czy skarpecie. I wtedy może nie być żadnej inflacji a może nawet i zacząć brakować pieniędzy pomimo dużej emisji ze strony rządu. Znowuż w innym momencie i sytuacji społeczno-gospodarczej ludzie mogą w każdej chwili wyciągnąć swoje pieniądze z własnych skrytek, skarpet czy sejfów (gdzie nie tworzyły żadnej inflacji) a następnie przeznaczyć je na zakupy tylko w konkretnym dziale gospodarki np. rzucić się na nieruchomości tworząc w ten sposób niebotyczną inflację w tej konkretnej dziedzinie a nie w całości gospodarki - co zresztą ma miejsce w Polsce od wielu lat. W takiej sytuacji ocena inflacji ogólnej jest bezsensowna, bo co z tego, że jedzenie i inne rzeczy z koszyka inflacyjnego wzrosły o np. jedynie 1% skoro ludzi nie stać na mieszkanie bo ich ceny wzrosły o 1000% !?

Dlatego podmiot decydujący o wysokości emisji dokonywanej przez rząd musi znać takie przewidywania by móc podjąć sensowne decyzje. Oczywiście gdybyśmy mieli rozwiązania zgodne z Nowoczesną Teorią Monetarną.

Po drugie – rząd nie może mieć prawa monopolizowania obrotu pieniężnego na swoim terytorium do własnych pieniędzy. Ani oczywiście ograniczać wymiany tego pieniądza, obrotu nim itd.

Każdą Władzę kusi taki monopol bo pozbywa się w ten ten sposób wszelkich hamulców wynikających z konkurencji innych walut. Niestety opłakane skutki takich monopolów łatwo zobaczyć nie tylko w historii (vide emisja papierowych pieniędzy przez cesarzy Chin), ale także i dziś. Kłania się choćby Zimbabwe czy Wenezuela. Co gorsza, konsekwencje takiego monopolu dotykają nie tylko gospodarki, ale także niosące faktycznie zniewolenie ludzi przez Władze.

Natomiast zupełnie nie zgadzam się, że pieniądz jest tylko konstruktem prawnym, ale to też już wiecie. Może nim być i jest nim złotówka czy euro czy funty szterlingi, ale nie musi. Pieniądz może być całkowicie uniwersalny – funkcjonujący poza jurysdykcją jakichkolwiek państw a nawet zupełnie niezależny od jakiegokolwiek państwa i jego regulacji – takim pieniądzem były na przykład muszelki Kauri. Niektórzy twierdzą, że jest nim bitcoin oraz inne kryptowaluty i może mieliby nawet rację, gdyby nie to, że obecnych kryptowalut nie można uznać za pieniądz.

Nowoczesna Teoria Monetarna dotyka jeszcze kwestii podatków i ich wpływów na ilość pieniądza, ale tej kwestii nie będę poruszał. Tym bardziej, że wzbudza ona najwięcej kontrowersji i niezgody wśród naukowców.

10. Na koniec trochę o Chinach.

A teraz obiecane parę słów o Chinach (i poniekąd Indiach też). Używano tam przez stulecia muszelek Kauri, oraz miedzianych sztabek, ostrzy narzędzi (siekier, motyk itd.), wreszcie miedzianych monet.

Miedź stała się podstawą systemu, jakim w naszym kręgu kulturowym było srebro.

Równolegle używano także tkanin i zapewne dlatego to w Chinach wymyślono banknoty, których droga rozwoju była taka jak w Europie (choć o wiele wieków wcześniejsza) – certyfikaty kupieckie, kwity depozytowe, weksle własne, znaki pieniężne. I to w Chinach pierwszy raz doszło do ogromnej inflacji spowodowanej masową produkcją przez cesarzy (od połowy XIV wieku) papierowego pieniądza „bez pokrycia".

Poniżej chińskie pieniądze papierowe oraz płyta (druga od prawej) do ich drukowania. Pierwszy od prawej to banknot wydrukowany obecnie za pomocą tej płyty).

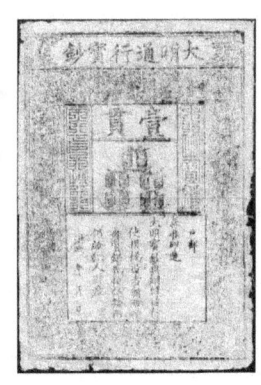   

W oczywisty sposób spowodowało to niechęć społeczeństwa do używania papierowego pieniądza, przez co ostatecznie został zarzucony i ponownie użyty dopiero w połowie XIX wieku. Natomiast pieniądz srebrny pojawił się po nawiązaniu kontaktów handlowych z Europą w XVI wieku i były to europejskie i meksykańskie monety. Chińskie srebrne monety pojawiły się dopiero pod koniec XIX wieku w 1889 roku.

11. A może jeszcze... dygresja o złocie? :)

Swego czasu coś we mnie pękło. Stało się to gdy sprzedawca z warzywniaka oznajmił mi szeptem pełnym głębokiej satysfakcji, że wczoraj wykupił ostatnie gramy złota z banku. I że więcej nie ma.

I nie będzie. Bo nawet mennica go nie ma. Był wielce ukontentowany, że uratował w ten sposób swoje oszczędności przed wojną, inflacją, deflacją, masonami a nawet cyklistami i molami.

Nawet mu przez myśl nie przeszło, że stał się kolejnym nastraszonym leszczem, nabitym przez cwaniaków w... złoto.

Oto dziesięć kłamstw – opss... powodów w nomenklaturze sprzedawców – dla których ponoć trzeba mieć złoto:

10 rzekomych „powodów" by mieć złoto :

1. Złoto to koniec obaw o to jak inflacja i wahania kursów walut pomniejszają Twoje oszczędności!
2. Złoto wymienialne jest na wszystkie waluty i powszechnie akceptowane jako środek płatniczy – to jedyna globalna waluta świata!

3. Wartość złota samą w sobie podwyższa stale rosnące zapotrzebowanie na ten szlachetny metal ze strony nowoczesnych technologii.

4. Złoto jest łatwe do ukrycia i nie ulega zniszczeniu w razie pożaru, czy powodzi w przeciwieństwie do banknotów i papierów wartościowych.

5. Złoto jest jedyną realną wartością ratującą życie podczas wojen i umożliwiającą przetrwanie finansowe podczas kryzysów gospodarczych.

6. Złoto to realny kruszec w twoim ręku, a nie jakieś wirtualne zyski obiecywane przez giełdy i instytucje finansowe.

7. Przez wieki nic lepszego niż złoto nie wymyślono, rezerwy złota w skarbcach ma każde bogate państwo, dlaczego Ty nie miałbyś ich mieć!

8. Złoto to fundament wszelkich inwestycji – inwestując co najmniej 5-10 % swoich oszczędności w złoto możesz spokojnie patrzeć w przyszłość.

9. Złoto to doskonały sposób na przekazywanie z pokolenia na pokolenie rodzinnego majątku.

10. Złoto jest ponadnarodowe i ponadczasowe – było, jest i będzie!

Buacha cha cha cha cha !!!!!!!! Śmiech na sali. To wszystko większa lub mniejsza ściema.

Po pierwsze – nikt już nie uzależnia wartości pieniądza od złota, przez co zapotrzebowanie na nie dramatycznie spadło. Teraz jest zupełnie odwrotnie – to wartość złota wyraża się w tych okropnych „papierowych" pieniądzach.

Po drugie – zgromadzono już prawie 150 tys. ton czystego złota, z czego większa część znajduje się w skarbcach rządów. Jeżeli staną one pod ścianą to mogą każdej chwili zalać nim cały rynek.

Po trzecie – złota rozpuszczonego w samych oceanach i morzach jest w bród – ~10 mld ton! – a jego produkcja (3000 t) przewyższa zapotrzebowanie wykazywane przez przemysł, w tym branżę jubilerską i jej pokrewne. Na dodatek może być w każdej chwili łatwo zwiększona.

Dla porównania:

Platyna – zasoby to 31 tys. ton produkcja roczna 150 ton.

Diament – zasoby kopalń 400 ton, wydobycie 20 ton, z czego raptem 4 tony idą na rynek jubilerski.

Glosanit – produkcję tego kryształu można liczyć ledwie w gramach na rok.

Po czwarte – myślisz, że cenę złota wyznacza rynek? Mylisz się! Cenę złota wyznacza między sobą dokładnie 5 firm: ScotiaMocatta, Barclays Capital, Deutsche Bank, HSBC i Société Générale.

Po piąte – miejcie na uwadze, że w każdej chwili ktoś może odkryć oszałamiające zasoby złota i... stanie się z nim to co ze srebrem. Miejcie na uwadze, że złota rozpuszczonego w oceanach i morzach jest ogrom. Jeżeli zacznie się masowa odsalanie wody morskiej to może zostać połączone z odzyskiwaniem z niej złota i innych wartościowych pierwiastków. A wtedy...

Miejcie też na uwadze, że istnieje już „Kamień Filozoficzny" - złoto otrzymuje się z innych pierwiastków. Jeżeli ktoś to dopracuje energetycznie to...

Chodzi o to, że może wydarzyć się COKOLWIEK co gwałtownie zwiększy zasoby dostępnego złota i wtedy stanie się z nim to co ze srebrem.

Obojętne czy zostanie odkryte jakieś mega złoże np. na Grenlandii w wyniku topnienia lodu, czy może jakiś nowy wulkan wypluje z wnętrza Ziemi tysiące ton złota albo ktoś może znaleźć tanią metodę wychwytywania złota z wody morskiej (np. jakaś siatka pokryta czymś_sprytnym, na której same z siebie będą osiadać drobinki złota, albo bakterie czy grzyby koncentrujące złoto w sobie), albo złoża na dnach mórz (dziewicze i wielokrotnie zasobniejsze niż te na kontynentach) zaczną być eksplorowane przez autonomiczne maszyny i roboty itd. itp.

To jest tylko kwestia czasu.

Amerykanie już na dniach będą odpalać laserami reakcję termojądrową. Za kilka lat zamiast kapsułek z wodorem mogą to być kapsułki z mieszaniną pierwiastków dającą w efekcie takiej mini eksplozji złoto.

A za kilkanaście lat moc laserów może tak wzrosnąć, że takie urządzenie będzie miało wielkość mikrofalówki a nie stadionu sportowego i koszt produkcji złota będzie 9999 razy tańszy niż wydobycia naturalnego.

Oczywiście kupno złota nie jest czystym frajerstwem. Nadal pozostaje wymienialne na różne pieniądze, waluty i dobra. Tyle, że jeśli ktoś dał się omamić cenami złota z giełdy to zwyczajnie dał się nabrać bo będąc zwykłym szaraczkiem za swoje złoto dostanie kilkadziesiąt procent mniej – zwykle połowę – niż wynosi przeciętny kurs złota.

Nie wierzycie? To zróbcie sobie test – tym co zaoferują Wam złoto zaproponujcie sprzedaż własnego po tej samej cenie co oni chcą Wam sprzedać.

Nieważne czy go macie. Kupi nie kupi potargować się można, a Wy się przekonacie, że nabijają Was w złotą sztabę.

I na koniec – nie ma już powrotu do pieniądza opartego na złocie. Nawet gdybyśmy po III Wojnie Światowej cofnęli się do epoki kamienia łupanego.

Inne książki autora:

Hipnoza - nauka hipnotyzowania krok po kroku

Admiraletto

Für BERLIN von Stalin

arnold@buzdygan.com

www.ingramcontent.com/pod-product-compliance
Lightning Source LLC
Chambersburg PA
CBHW051537240526
45465CB00027B/597